Betriebswirtschaftslehre/ Rechnungswesen AK 10

für die 10. Jahrgangsstufe an sechsstufigen Realschulen

Stefan Harbauer, Weiden; Maria Kinzinger, Neumarkt (Opf.); Robert Kotouc, Bad Aibling; Günther Loibl, Landshut; Christian Marchl, Schöllnach; Lothar Öttl, Passau; Werner Risser, Bad Staffelstein; Walter Schraml, Sulzbach-Rosenberg

Arbeitsheft

AK 10

4. Auflage 2009 – Buch-Nr. 6108 – Aktualisierte Auflage 2012
ISBN 978-3-89650-293-3

Verlag Ernst Vögel
Stamsried

Bildnachweis: picture-alliance / dpa-infografik
(Seiten 36, 39–41, 43, 49, 54)
Stefan Harbauer, Weiden
Maria Kinzinger, Neumarkt
Robert Kotouc, Bad Aibling
Christian Marchl, Schöllnach
Lothar Öttl, Passau
Werner Risser, Bad Staffelstein
Walter Schraml, Sulzbach-Rosenberg
Verlag Vögel, Stamsried
Shutterstock, Inc.
(Seiten 1, 8–12, 14–15, 27, 37, 42, 52, 54, 81, 83–85, 129, 243–244, 257–260, 264, 266, 269, 273, 277, 279, 281)

Herstellung: Druck+Verlag Ernst Vögel GmbH · D-93491 Stamsried

Vorwort für Schülerinnen und Schüler

1. Dieses Arbeitsheft enthält alle Aufgaben aus dem Lehrbuch „Betriebswirtschaftslehre/Rechnungswesen AK 10" in der gleichen Nummerierung und bietet Ihnen den erforderlichen Platz für eine

   • klare,

   • saubere,

   • und übersichtliche

   Darstellung der Lösungen. Für die Richtigkeit der Einträge müssen Sie allerdings selbst sorgen.

2. Der Abdruck der Aufgabentexte bietet Ihnen außerdem die Möglichkeit, bei der Vorbereitung auf die Abschlussprüfung den Prüfungsstoff zu wiederholen und zu sichern.

Das Autorenteam wünscht Ihnen viel Erfolg.

Vorwort für Kolleginnen und Kollegen

Das zum Lehrbuch AK 10 gehörige Arbeitsheft soll sich bei der Unterrichtsorganisation und bei den Hausaufgaben zeitsparend auswirken und mithelfen, die Schülerinnen und Schüler zu einer selbstständigen und gewissenhaften Arbeits- und Darstellungsweise zu erziehen.

Das Autorenteam

Hinweis: Wenn nicht anders angegeben, beträgt die Umsatzsteuer gemäß Umsatzsteuergesetz (UStG) für jeden steuerpflichtigen Umsatz derzeit **19 Prozent** der Bemessungsgrundlage.

Für bestimmte Umsätze (z. B. Milch und Milcherzeugnisse) gilt ein ermäßigter Umsatzsteuersatz von derzeit **7 Prozent**.

Inhaltsverzeichnis

1 Geschäftsbuchführung in einem Fertigungsunternehmen

1.1 Geschäftsgang von der Eröffnung bis zum Abschluss

Aufgabe 1

In der nachfolgenden Übersicht sind die wichtigsten Informationen über das Unternehmen zusammengefasst:

Inhaberin	Christine Frost, e. Kfr.
Rechtsform	Einzelunternehmen
Anschrift (Firmensitz)	Alte Nürnberger Straße 34, 93047 Regensburg
Unternehmenszweck (Fertigerzeugnisse)	Einzelfertigung von hochwertigen Büromöbeln
Handelsregister	Registergericht Regensburg HRA 4990
Steuernummer	9244/225/48048
USt-IdNr.	DE432345678
Mitarbeiterzahl	24 Mitarbeiter (davon 7 Angestellte)
Geschäftsjahr	1. Januar bis 31. Dezember
Werkstoffe, Handelswaren	
Rohstoffe	Edelhölzer
Fremdbauteile	Vorgefertigte Kunststoffteile
Hilfsstoffe	Schrauben, Leim, Beschläge …
Betriebsstoffe	Strom, Gas, Wasser, Schmierstoffe …
Handelswaren	Leuchten, Sitzgarnituren, Bürostühle aus Leder, Sessel …
Bankverbindung	Sparbank Regensburg, BLZ: 720 687 00, Kontonummer: 48120
IBAN	DE72720687000000048120
BIC	SPKDDEFF

Eröffnungsbilanz des Unternehmens **CREAFORM** (in € zu Beginn des Geschäftsjahres 20..)

Aktiva	Bilanz zum 1. Januar 20..		Passiva
0510 BGR	340.000,00	3000 EK	540.000,00
0530 BVG	284.000,00	3670 EWB	5.200,00
0700 MA	194.500,00	3680 PWB	8.620,00
0840 FP	93.800,00	4200 KBKV	50.000,00
0860 BM	64.200,00	4250 LBKV	630.000,00
0870 BA	43.600,00	4400 VE	113.050,00
2000 R	32.000,00	4800 UST	12.872,50
2010 F	6.500,00		
2020 H	8.400,00		
2030 B	12.430,00		
2100 UFE	24.220,00		
2200 FE	58.340,00		
2280 HW	37.600,00		
2400 FO	97.580,00		
2470 ZWFO	19.992,00		
2600 VORST	9.452,50		
2700 WP	12.840,00		
2800 BK	16.957,50		
2880 KA	3.330,50		
	1.359.742,50		1.359.742,50

Verwendete Konten:

0510 BGR	2000 R	3000 EK	4200 KBKV	5000 UEFE	6000 AWR	7510 ZAW
0530 BVG	2010 F	3670 EWB	4250 LBKV	5100 UEHW	6001 BZKR	
0700 MA	2020 H	3680 PWB	4400 VE	5101 EBHW	6002 NR	
0840 FP	2030 B		4800 UST	5200 BV	6010 AWF	
0860 BM	2100 UFE		4830 VFA	5410 EAAV	6020 AWH	
0870 BA	2200 FE		4840 VSV	5430 ASBE	6022 NH	
0895 SP	2280 HW			5450 EAWB	6030 AWB	
	2400 FO			5460 EAVG	6040 AWVM	
	2470 ZWFO			5710 ZE	6080 AWHW	
	2600 VORST			5780 DDE	6200 L	
	2700 WP				6300 G	
	2800 BK				6400 AGASV	
	2880 KA				6420 BBG	
					6520 ABSA	
					6545 ABSP	
					6700 AWMP	
					6710 LS	
					6750 KGV	
					6800 BMK	
					6950 ABFO	

Folgende **Aufgaben** sind zu erledigen:

1. **Erstellen Sie das Eröffnungsbilanzkonto (siehe Seite 18).**
2. **Eröffnen Sie die Bestandskonten (Seite 18 bis 21) und bilden Sie die Buchungssätze für die Eröffnungsbuchungen (Seite 3).**
3. **Bilden Sie die Buchungssätze für die nachfolgenden Geschäftsfälle und Belege (USt. 19%).**

3.1	Zieleinkauf von Holz, Listenpreis (netto) abzüglich 10% Rabatt	32.000,00 € ????? €
3.2	Unser Lieferant von Lacken gewährt uns einen nachträglichen Preisnachlass, brutto	 1.047,20 €
3.3	Banküberweisung der Garagenmiete, netto	120,00 €
3.4	Zielkauf eines Lieferwagens am 04. April 20.., Listenpreis (netto) Sonderlackierung (Firmenlogo), netto Überführungskosten, netto	40.000,00 € 1.600,00 € 400,00 €
3.5	Banküberweisung an den Lieferanten (siehe 3.1) unter Abzug von 2% Skonto	 ????? €
3.6	Wegen Überschreitung des Zahlungszieles bei einer Rechnung über berechnet der Rohstofflieferer 11% Verzugszinsen für 42 Tage	 4.998,00 € ????? €
3.7	Ausstellung und Versand der Rechnung an Rechtsanwalt Giebler für Planung, Lieferung und Montage der Ausstattung seiner Rechtsanwaltskanzlei, netto	 58.800,00 €
3.8	Kunde Maurer hat auf drei Mahnungen nicht reagiert; Forderungsbetrag	 28.560,00 €
3.9	Zielverkauf von zehn Bürostühlen (Stückpreis 390,00 € netto) und zwei Sitzgarnituren (Stückpreis 3.200,00 € netto) an die Firma „RegerMedia“	 ????? €
3.10	Eingangsrechnung für Verpackungsmaterial, netto	650,00 €
3.11	Bankabbuchung der Leasingrate für einen Lieferwagen, brutto	761,60 €
3.12	Die Sparbank gewährt uns einen kurzfristigen Kredit in Höhe von und stellt nach Vorabzug von 2% Bearbeitungsgebühr den Restbetrag auf dem Kontokorrentkonto bereit.	20.000,00 €
3.13	Der Insolvenzverwalter teilt uns mit, dass das Insolvenzverfahren über die Firma Maurer (siehe 3.8) eingestellt wurde. Die zweifelhafte Forderung ist uneinbringlich.	 28.560,00 €

3.14	Zielkauf eines Kopierers am 08. Mai 20.., Listenpreis (netto)	1.100,00 €
	– Sonderrabatt 20%	????? €
	+ 5 Ersatzpatronen Toner, Stückpreis netto 45,00 €	????? €
3.15	Lohn- und Gehaltsabrechnung lt. Liste	
	Löhne, brutto	26.800,00 €
	Gehälter, brutto	12.680,00 €
	Abzüge insgesamt	17.037,60 €
	darin enthalten der Arbeitnehmer-Anteil zur Sozialversicherung	8.211,84 €
	Nettobetrag (Banküberweisung)	????? €
	Arbeitgeberanteil zur Sozialversicherung	7.856,52 €
3.16	Kauf von 120 ATO-Aktien (Kurs 150,00 €), Spesen 1% vom KW	
	Banklastschrift	????? €
3.17	Bankbelastung für Tilgungsrate Hypothekarkredit	800,00 €
	für Zinsen	2.000,00 €
	für Gebühren	20,00 €
3.18	Banküberweisung der Beiträge zur Sozialversicherung (siehe 3.15)	????? €
3.19	Bankgutschrift der Dividende (siehe 3.16), Stückdividende 0,60 €	????? €
3.20	Barkauf einer Schreibtischlampe für den Empfangsbereich, netto	99,00 €
3.21	Berufsgenossenschaftsbeitrag per Bankabbuchung.	860,00 €
3.22	Die bisher als sicher geltende Forderung gegenüber dem Kunden Alt ist vollständig verloren.	7.616,00 €
3.23	Zielverkauf einer gebrauchten Spezialkreissäge (Buchwert: 6.400,00 €), netto	8.200,00 €
3.24	Banküberweisung der Firma „RegerMedia“ (siehe 3.9) unter Abzug von 3% Skonto, Überweisungsbetrag	11.889,29 €
3.25	Zielkauf von vier Flachbildschirmen (Stückpreis 380,00 € netto)	1.520,00 €

Lösung 1 / 1.–3.25

Buchen Sie nach Belegen in den Beispielen 3.26–3.36

3.26

QUITTUNG

Nr.

	Euro	Cent
Netto	340	00
+ 19 % USt.	64	60
Gesamtbetrag	404	60

Euro in Worten
Vierhundertvier Euro

von R. Huber, Regensburg

für Büroleuchte

richtig erhalten zu haben, bestätigt

Ort Regensburg Datum 03. August 20..

Buchungsvermerke

Stempel/Unterschrift des Empfängers
Christine Frost

Lösung 1 / 3.26

3.27

Kontoauszug Kontonummer: 48120 Auszug: 42 **Sparbank Regensburg**
IBAN DE72720687000000048120 Datum: 09. 09. 20.. Blatt: 01
BIC SPBRDEFF

Vorgang/Buchungsinformation	Buchung	Wertstellung	Umsatz in Euro
Überweisung an K. Meier R.-Nr. 02/543 v. 25. 08. 20..	09. 09.	09. 09.	535,50 –

Sparbank Regensburg · D-93057 Regensburg
Firma
CreaForm
Alte Nürnberger Straße 34
93047 Regensburg

Zahlungseingänge	EUR	0,00 +
Zahlungsausgänge	EUR	535,50 –
Alter Kontostand	EUR	12.384,00 +
Neuer Kontostand	EUR	11.848,50 +

Postanschrift: Sparbank Regensburg 93057 Regensburg
Direkt-Service: Tel.: 0180 58780
Telefon-Banking: Tel.: 0180 304070
Erreichbarkeit: 7x24 Stunden
Telefax: 0941 628742
E-Mail: sparbank@regensburg.xyz
Internet: http://www.sparbank.xyz
Bankleitzahl 720 687 00

Lösung 1 / 3.27

3.28

CREAFORM

Christine Frost e. Kfr.
Alte Nürnberger Straße 34 • 93047 Regensburg
Telefon: 0941 436587 • Fax: 0941 436586
E-Mail: info@creaform.xyz
Internet: www.creaform.xyz

CREAFORM • Alte Nürnberger Straße 34 • 93047 Regensburg

Firma Waldherr
Am Weinberg 25
92421 Schwandorf

Regensburg, 18. September 20..

MAHNUNG
RECHNUNG NR. 00432

Sehr geehrter Herr Waldherr,

leider haben Sie unsere Rechnung Nr. 00432 (Lieferung von Bürostühlen) vom 18. Juli 20.. – fällig am 18. August 20.. – trotz Zahlungserinnerung bis heute, den 18. September 20.. noch nicht beglichen.

Wir belasten Sie daher mit folgenden Kosten.

Rechnungsbetrag, fällig am 18. August 20..	5.950,00 Euro
zuzüglich Verzugszinsen für 31 Tage	60,64 Euro
zuzüglich Mahnspesen	10,00 Euro
Gesamtbetrag am 18. September 20..	6.020,64 Euro

Mit freundlichen Grüßen

Christine Frost

Bankverbindung: Sparbank Regensburg • BLZ 720 687 00 • Kontonummer: 48120
Amtsgericht Regensburg HRA 4990
USt-IdNr. DE432345678 • Steuer-Nr. 9244/225/48048

Lösung 1 / 3.28

3.29

A. ADLER
BAU- UND MÖBELBESCHLÄGE

Industriestraße 12
86332 Mühldorf/Lech
Telefon: 08271 880-0
Telefax: 08271 880-224
E-Mail: service@adler.xyz
Internet: http://www.adler.xyz

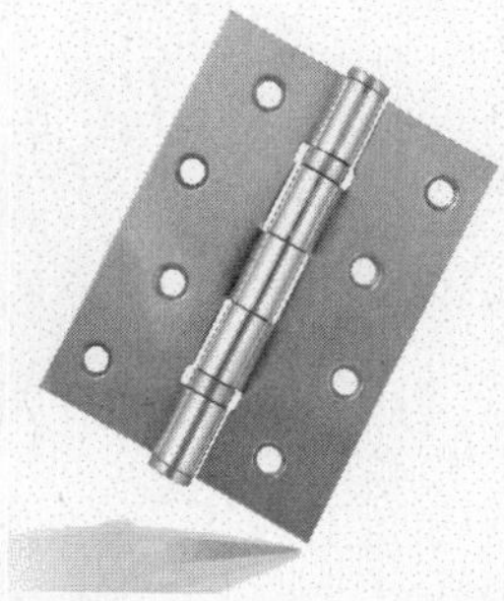

FA. A. ADLER, e. Kfm. • Industriestraße 12 • 86332 Mühldorf/Lech

Firma
CreaForm
Alte Nürnberger Straße 34
93047 Regensburg

RECHNUNG
Rechnungsnummer: 20032
Lieferdatum: 20. September 20..
Ihre Bestellung: 31. August 20..
Kundennummer: 443020
Ansprechpartner: Frau Ehrlich
08271 880-327

RECHNUNG

Mühldorf, 20. September 20..

ART.-NR.	MENGE	BEZEICHNUNG	EINZELPREIS	GESAMTPREIS
320	50 Pck.	Beschläge Typ C	4,00 Euro	200,00 Euro
441	50 Pck.	Beschläge Typ K	4,00 Euro	200,00 Euro
		Netto		400,00 Euro
		+ 19% Umsatzsteuer		76,00 Euro
		Rechnungsbetrag		476,00 Euro

Vielen Dank für Ihren Auftrag.

Lieferung: Frei Haus.
Die gelieferte Ware bleibt bis zur vollständigen Bezahlung unser Eigentum. (§ 449 BGB)
Zahlungsbedingungen: 10 Tage 3% Skonto / 30 Tage rein netto.
Bankhaus Mühldorf/Lech • BLZ 762 400 30 • Kontonummer: 267550
USt-IdNr. DE812480350 • Steuer-Nr. 9102/237/14555

Lösung 1 / 3.29

RWSDIRECT GmbH

RWS Schmierstoffe

Industriestraße 7
93059 Regensburg
Telefon: 0941 146230 • Telefax: 0941 147020
E-Mail: service@rws.xyz

RWSDIRECT GmbH • Industriestraße 7 • 93059 Regensburg

Firma
CreaForm
Alte Nürnberger Straße 34
93047 Regensburg

RECHNUNG Nr. 002345

27. September 20..

Lieferdatum: 25. September 20..

Menge	Artikel/Bezeichnung	Einzelpreis	Gesamtpreis
10 Liter	Schmiermittel Typ S123	45,00 Euro	450,00 Euro
		Listenpreis	450,00 Euro
		– Rabatt 15%	67,50 Euro
			382,50 Euro
		+ 19% Umsatzsteuer	72,68 Euro
		Gesamtbetrag	**455,18 Euro**

Die Lieferung erfolgt frei Haus.
Bei Zahlung innerhalb von 8 Tagen 3% Skonto / 30 Tage rein netto.

Bankverbindung: Wirtschaftsbank Regensburg • BLZ 725 400 00 • Kontonummer: 30450637
Geschäftsführung: Dr. Franz Reich • Handelsregister Regensburg HRB 6029
USt-IdNr. DE246104699 • Steuer-Nr. 9244/162/22011

Lösung 1 / 3.30

CREAFORM

Christine Frost e. Kfr.
Alte Nürnberger Straße 34 · 93047 Regensburg
Telefon: 0941 436587 · Fax: 0941 436586
E-Mail: info@creaform.xyz
Internet: www.creaform.xyz

CREAFORM · Alte Nürnberger Straße 34 · 93047 Regensburg

Rechtsanwaltsbüro
H. Giebler
Kohlengasse 12
93049 Regensburg

Regensburg, 28. September 20..

RECHNUNG NR. 004325
Lieferdatum: 26. September 20..

Für die Lieferung von vier Leuchten berechnen wir Ihnen:

Menge	Artikel/Bezeichnung	Einzelpreis	Gesamtpreis
4	Classic2000	380,00 Euro	1.520,00 Euro
		abzüglich 10% Rabatt	152,00 Euro
			1.368,00 Euro
		zuzüglich Lieferkostenpauschale	20,00 Euro
		Rechnungsbetrag netto	1.388,00 Euro
		+ Umsatzsteuer (19%)	263,72 Euro
		Rechnungsbetrag brutto	**1.651,72 Euro**

Zahlungsbedingungen: 30 Tage rein netto.

Bankverbindung: Sparbank Regensburg · BLZ 720 687 00 · Kontonummer: 48120
Amtsgericht Regensburg HRA 4990
USt-IdNr. DE432345678 · Steuer-Nr. 9244/225/48048

Lösung 1 / 3.31

3.32

CREAFORM

Christine Frost e. Kfr.
Alte Nürnberger Straße 34 · 93047 Regensburg
Telefon: 0941 436587 · Fax: 0941 436586
E-Mail: info@creaform.xyz
Internet: www.creaform.xyz

CREAFORM · Alte Nürnberger Straße 34 · 93047 Regensburg

Rechtsanwaltsbüro
H. Giebler
Kohlengasse 12
93049 Regensburg

Regensburg, 10. Oktober 20..

GUTSCHRIFTSANZEIGE

für Rechnung Nr. 004325

Sehr geehrter Herr Giebler,

wie telefonisch am 06. Oktober 20.. mit Ihnen vereinbart, können Sie den gesamten Rechnungsbetrag der Rechnung Nr. 004325 vom 28. September 20.. um 10% kürzen, da die gelieferten Leuchten leichte Kratzspuren aufweisen.

Mit freundlichen Grüßen

Christine Frost

CreaForm

Bankverbindung: Sparbank Regensburg · BLZ 720 687 00 · Kontonummer: 48120
Amtsgericht Regensburg HRA 4990
USt-IdNr. DE432345678 · Steuer-Nr. 9244/225/48048

Lösung 1 / 3.32

3.33

B16 STATION
Kelheimer Straße 15
93077 Großberg

Obj.-Nr.: 0002034 | Telefon: 09405 654
Fax: 09405 99941

Beleg-Nr.: 8183/008/0001 | 12. Oktober 20.. 12:34 Uhr
Steuer-Nr.: 9156/207/13188

*00001 **BENZIN SUPER E10**	71,40 EUR
*Zp 03	42,78 l 1,669 EUR/l
Gesamtbetrag (BAR)	71,40 EUR
USt.-Anteil 19%	11,40 EUR

VIELEN DANK FÜR IHREN EINKAUF.
AUF WIEDERSEHEN.

Lösung 1 / 3.33

3.34

Kontoauszug | Kontonummer: 48120 | Auszug: 48 | **Sparbank Regensburg**
IBAN DE72720687000000048120 | Datum: 14. 10. 20.. | Blatt: 01
BIC SPBRDEFF

Vorgang/Buchungsinformation	Buchung	Wertstellung	Umsatz in Euro
Überweisung von H. Giebler R.-Nr. 004325 v. 28. 09. 20..	14. 10.	14. 10.	1.486,55 +

Sparbank Regensburg · D-93057 Regensburg
Firma
CreaForm
Alte Nürnberger Straße 34
93047 Regensburg

Zahlungseingänge	EUR	1.486,55 +
Zahlungsausgänge	EUR	0,00 –
Alter Kontostand	EUR	10.222,00 +
Neuer Kontostand	EUR	11.708,55 +

Postanschrift: Sparbank Regensburg 93057 Regensburg
Direkt-Service: Tel.: 0180 58780 | Telefax: 0941 628742
Telefon-Banking: Tel.: 0180 304070 | E-Mail: sparbank@regensburg.xyz
Erreichbarkeit: 7x24 Stunden | Internet: http://www.sparbank.xyz
Bankleitzahl 720 687 00

Lösung 1 / 3.34

3.35

SÄGEWERK
LUDWIG**SPECHT**

Spessartstraße 100 • 97828 Marktheidenfeld
Telefon: 09391 5680 • Telefax: 09391 2249
E-Mail: info@l-specht.xyz

SÄGEWERK LUDWIG SPECHT • Spessartstraße 100 • 97828 Marktheidenfeld

Firma
CreaForm
Alte Nürnberger Straße 34
93047 Regensburg

RECHNUNG

Seite:	1
Rechnungsnummer:	04520
Kundennummer:	0124
Datum:	28. Oktober 20..
Lieferdatum:	27. Oktober 20..
Bestellung:	20. Oktober 20..

MENGE	ARTIKEL	EINZELPREIS	GESAMTPREIS
10 m³	Eichenholz „Spessart“	380,00 Euro	3.800,00 Euro
		+ Fracht	200,00 Euro
		Nettobetrag	4.000,00 Euro
		+ 19% USt.	760,00 Euro
		Rechnungsbetrag brutto	**4.760,00 Euro**

Zahlungsbedingungen: 8 Tage 2% Skonto / 30 Tage rein netto.
Die gelieferte Ware bleibt bis zur vollständigen Bezahlung unser Eigentum.
Bankverbindung: Genossenschaftsbank Marktheidenfeld • BLZ 750 520 75 • Kontonummer: 6044610
Ludwig Specht, e. Kfm. • Amtsgericht Marktheidenfeld HRA 1870
USt-IdNr. DE246004090 • Steuer-Nr. 9232/205/77104

Lösung 1 / 3.35

CREAFORM

Christine Frost e. Kfr.
Alte Nürnberger Straße 34 • 93047 Regensburg
Telefon: 0941 436587 • Fax: 0941 436586
E-Mail: info@creaform.xyz
Internet: www.creaform.xyz

CREAFORM • Alte Nürnberger Straße 34 • 93047 Regensburg

Rechtsanwaltsbüro
H. Giebler
Kohlengasse 12
93049 Regensburg

Regensburg, 03. November 20..

RECHNUNG NR. 004338

Neuausstattung von Büroräumen

Sehr geehrter Herr Giebler,
im Rahmen der Gesamtsanierung Ihrer Kanzleiräume wurden von uns am 01. November 20.. sechs Sekretariatsräume und vier Rechtsanwaltsbüros mit neuen Einbaumöbeln (laut Plan Nr. 4338-P) ausgestattet.

Für Lieferung und Montage berechnen wir Ihnen insgesamt:

Rechnungsbetrag netto	120.800,00 Euro
zuzüglich Umsatzsteuer (19%)	22.952,00 Euro
Rechnungsbetrag brutto	143.752,00 Euro

Wir bitten um Überweisung bis zum 03. Dezember 20..

Mit freundlichen Grüßen

Christine Frost

Bankverbindung: Sparbank Regensburg • BLZ 720 687 00 • Kontonummer: 48120
Amtsgericht Regensburg HRA 4990
USt-IdNr. DE432345678 • Steuer-Nr. 9244/225/48048

Lösung 1 / 3.36

4. Buchen Sie in den Konten.

5. Bilden Sie die Buchungssätze für die vorbereitenden Abschlussbuchungen und schließen Sie die Unterkonten zum 31. Dezember 20.. unter Berücksichtigung der nachfolgenden Angaben ab:

Abschreibungen auf Sachanlagen:

Konto 0530 BVG	2%	Konto 0870 BA	4.630,00 €
Konto 0700 MA	17.100,00 €	Konto 0895 SP	?????%
Konto 0860 BM	11.340,00 €		

Konto 0840 FP: Die Abschreibungen auf Fuhrpark betragen für den Anfangsbestand von 93.800,00 € lt. Anlagenkartei 14.150,00 €. Hinzu kommt die Abschreibung des neuen Lieferwagens (siehe 3.4), die Nutzungsdauer beträgt 6 Jahre.

Inventurbestände:

Konto 2000 R	34.000,00 €	Konto 2100 UFE	20.800,00 €
Konto 2010 F	5.000,00 €	Konto 2200 FE	47.920,00 €
Konto 2020 H	6.300,00 €	Konto 2280 HW	35.200,00 €
Konto 2030 B	12.800,00 €		

Bewertung der Forderungen:

Die vorhandene **Einzelwertberichtigung** ist unter Berücksichtigung der nachfolgend aufgeführten **zweifelhaften Forderungen** anzupassen:

Kunde	**ZWFO** (brutto)	**geschätzter Ausfall**
Gruber	2.856,00 €	40%
Klein	5.355,00 €	60%
Klinger	1.428,00 €	30%

Für die **einwandfreien Forderungen** ist eine **Pauschalwertberichtigung** in Höhe von 1% zu bilden.

6. Schließen Sie die Erfolgskonten ab und erstellen Sie das Gewinn- und Verlustkonto.

7. Schließen Sie das Gewinn- und Verlustkonto ab.

8. Schließen Sie die Bestandskonten ab und erstellen Sie das Schlussbilanzkonto.

9. Erstellen Sie für die Geschäftsfälle (siehe 3) ein Vorkontierungsblatt nach folgendem Muster:

Nr.	BA	Datum	Soll	Haben	Beleg Nr.	Text	B/N/F	Betrag	UST
3.1	B	...	6000	4400	B 1	Zieleinkauf von Rohstoffen	N	28.800,00	V19
...	...	...	...	...	...	...	...	...	...

Lösung 1 / 4.–9.

Lösung 1 / 4.–9. (Fortsetzung)

Lösung 1 / 4.–9. (Fortsetzung)

S 8000 EBK H

S 0510 BGR H

S 0530 BVG H

S 0700 MA H

S 0840 FP H

S 0860 BM H

S 0870 BA H

Lösung 1 / 4.–9. (Fortsetzung)

S 0895 SP H

S 2000 R H

S 2010 F H

S 2020 H H

S 2030 B H

S 2100 UFE H

S 2200 FE H

S 2280 HW H

S 2400 FO H

S 2470 ZWFO H

S 2600 VORST H

S 2700 WP H

S 2800 BK H

S 2880 KA H

Lösung 1 / 4.–9. (Fortsetzung)

S 3000 EK H

S 3670 EWB H

S 3680 PWB H

S 4200 KBKV H

S 4250 LBKV H

S 4400 VE H

S 4800 UST H

S 4830 VFA H

S 4840 VSV H

S 5000 UEFE H

S 5100 UEHW H

S 5101 EBHW H

S 5200 BV H

S 5410 EAAV H

S 5430 ASBE H

S 5450 EAWB H

S 5460 EAVG H

S 5710 ZE H

S 5780 DDE H

S 6000 AWR H

S 6001 BZKR H

Lösung 1 / 4.–9. (Fortsetzung)

S 6002 NR H

S 6010 AWF H

S 6020 AWH H

S 6022 NH H

S 6030 AWB H

S 6040 AWVM H

S 6080 AWHW H

S 6200 L H

S 6300 G H

S 6400 AGASV H

S 6420 BBG H

S 6520 ABSA H

S 6545 ABSP H

S 6700 AWMP H

S 6710 LS H

S 6750 KGV H

S 6800 BMK H

S 6950 ABFO H

S 7510 ZAW H

S 8020 GUV H

Lösung 1 / 4.–9. (Fortsetzung)

S 8010 SBK H

Nr.	BA	Datum	Soll	Haben	Beleg-Nr.	Text	B/N/F	Betrag	UST

Lösung 1 / 4.–9. (Fortsetzung)

Nr.	BA	Datum	Soll	Haben	Beleg-Nr.	Text	B/N/F	Betrag	UST

Lösung 1 / 4.–9. (Fortsetzung)

Nr.	BA	Datum	Soll	Haben	Beleg-Nr.	Text	B/N/F	Betrag	UST

1.2 Aufgaben zu verschiedenen Bereichen

Aufgabe 2

Lückentext zu den Themen aus der Jahrgangsstufe 9
Überprüfen Sie Ihr Wissen!

Als ________________ bezeichnet man die zeitlich befristete Überlassung von Kaufkraft. Bankkredite können kurzfristig, ____________________ oder ____________________ gegeben werden.

______________ sind der Preis für die Überlassung des Geldes. Rechengrößen der Zinsrechnung sind ______________ (____), Zinssatz (p), ________________ (____) und Zeit (t). Ein Zinsjahr hat ________ Tage. Wenn man den Jahreszinssatz auf eine andere Zeitspanne (z. B. 120 Tage) umrechnet, dann spricht man vom ______________ Zinssatz.

Nach der Preisangabenverordnung (PAngV) muss bei Krediten als Preis die Gesamtbelastung pro Jahr in Prozent angegeben werden. Dieser Preis heißt ________________ Jahreszinssatz.

Ein Vorteil des ____ ist, dass dieser Kredit jederzeit teilweise oder in voller Höhe aufgenommen und jederzeit zurückgezahlt werden kann. Der ________________________ ist ein Kontokorrentkredit für Privatpersonen.

Beim ______________darlehen bleibt die jährliche Tilgung gleich, während sich die Zinsen kontinuierlich vermindern. Beim ______________darlehen bleibt der jährliche Gesamtbetrag aus Zinsen (abnehmend) und Tilgung (zunehmend) gleich groß.

Guthaben auf Giro- oder Kontokorrentkonten, die täglich fällig sind, bezeichnet man als ____________________. Die __________ ist der Markt für Wertpapiere. Der Aktionär erhält eine ________________, falls es das Geschäftsergebnis zulässt.

In der Bundesrepublik Deutschland gibt es _____ Präsenzbörsen. Der Inhaber von ____________________ ist an einem Fondsvermögen einer Kapitalanlagegesellschaft beteiligt. Der auf dem Mantel aufgedruckte Betrag heißt ________________. Dieser lautet auf einen Betrag von ________ Euro oder auf ein Vielfaches davon.

Der Pauschalspesensatz von 1% des Kurswertes enthält die ____________________ und die Maklergebühr.

Die Höhe des Arbeitnehmerentgelts wird zwischen den Gewerkschaften und den Arbeitgeberverbänden in sogenannten ____________________ festgelegt.

Lohn- und Gehaltszahlungen stellen für den Arbeitnehmer ________________ und für den Arbeitgeber einen ____________________ dar.

Einer Gehalts- bzw. Lohnabrechnung ist zu entnehmen, dass neben Lohn- und Kirchensteuer noch Krankenversicherung, ____________________, ____________________ und ____________________ abgezogen werden. Diese vier Versicherungen gehören zur gesetzlichen ____________________. Träger der gesetzlichen Unfallversicherung sind die ____________________. Der ________________ muss allein für diese Versicherung aufkommen.

Zum ____________________ eines Unternehmens zählen alle Vermögensgegenstände, die dazu bestimmt sind, langfristig dem Geschäftsbetrieb zu dienen.

Zu den Anschaffungskosten zählen neben dem Kaufpreis eines Anlagegutes z. B. die ____________________ bei Maschinen und die ____________________ beim Kauf eines Kraftfahrzeuges.

Die Anlagegüter werden beim Kauf mit den gesamten Anschaffungskosten auf dem jeweiligen Konto ____________.

Die Höhe des jährlichen Abschreibungsbetrages ist abhängig von den ____________________ und von der ____________________.

Anschaffungskosten für bewegliche, abnutzbare Anlagegüter müssen – abgesehen vom Sofortaufwand bei Kleingütern bis __________ € __________ und der Poolabschreibung bei Sammelposten von __________ € bis __________ € __________ – zeitanteilig, beginnend mit dem ________________ der Anschaffung auf ihre Nutzungsdauer verteilt, abgeschrieben* werden.

Abschreibungen sind ________________, sie ______________ den Gewinn und ____________ die Steuerlast des Unternehmens.

Auch scheinbar sichere Forderungen müssen, sobald sie als ________________ erkannt sind, von den einwandfreien Forderungen getrennt und gesondert ausgewiesen werden. Ist eine Forderung uneinbringlich, so darf nur der ________wert der Forderung __________ abgeschrieben werden.

Der voraussichtliche Verlust der einwandfreien Forderungen wird ____________ geschätzt und ____________ abgeschrieben.

Der Einkauf von Stoffen, Fremdbauteilen und Handelswaren wird als Sofort__________ in der Kontenklasse ________ gebucht. Bei einer Bestandsminderung ist der Schlussbestand ______________ als der Anfangsbestand. Es sind also __________ Werkstoffe verbraucht bzw. Handelswaren verkauft worden als eingekauft wurden.

* **Hinweis:** Bis zum 31. 12. 2007 konnte bei der Abschreibung zwischen linearer Abschreibung (gleichmäßige Verteilung der Anschaffungskosten auf die Nutzungsdauer) und degressiver Abschreibung (die Anschaffungskosten werden zunächst mit hohen und dann jährlich fallenden Abschreibungsraten über die Nutzungsdauer verteilt) gewählt werden. Mit der Unternehmenssteuerreform 2008 wurde die degressive Abschreibung ab dem 01. 01. 2008 außer Kraft gesetzt. Mit dem Konjunkturpaket vom 05. 11. 2008 wurde die degressive Abschreibung **auf zwei Jahre befristet** zum 01. 01. 2009 wieder eingeführt. Für bewegliche Gegenstände des Anlagevermögens, die ab dem 01. 01. 2011 erworben werden, gilt nun wieder nur die lineare Abschreibung. **Im Unterricht wird nur die lineare Abschreibung behandelt.** Für die Abschreibungen der **geringwertigen Wirtschaftsgüter** gelten ab dem 01. 01. 2010 die Regeln nach dem Wachstumsbeschleunigungsgesetz.

Aufgabe 3

Finanzierung und Kapitalanlage

Richtig oder falsch?

In diesem Jahr muss der Auszubildende Ludwig Erl zum Themenbereich **„Möglichkeiten der Finanzierung und Kapitalanlage“** einen firmeninternen Test bearbeiten. Bei der Durchsicht der Lösungen des Auszubildenden findet der Ausbildungsleiter Karl Meier einige Fehler.

Acht von den folgenden 20 Aussagen sind falsch!

1. Bei der Geldanlage sollte eine Kombination verschiedener Anlagemöglichkeiten gewählt werden.
2. Der Schuldendienst bei Krediten setzt sich aus der Tilgung und der Zahlung der Zinsen zusammen.
3. Der Lieferantenkredit ist der „billigste Kredit“.
4. Beim Kontokorrentkredit wird ein fester Zinssatz vereinbart.
5. Die Bereitstellung des Bankkredits kann, wie z. B. beim Kontokorrentkredit, als Kreditlinie erfolgen, bis zu der auf dem Konto verfügt werden kann.
6. Konsumkredite werden in Firmen ausschließlich für den Einkauf von Lebensmitteln für die Kantine verwendet.
7. Darlehen sind mittel- und langfristige Kredite und dienen im Unternehmensbereich überwiegend als Investitionskredite im Rahmen einer langfristigen Anlagenfinanzierung.
8. Bei der Ausführung von Kundenaufträgen im Effektengeschäft erhält die Bank Courtage, Bearbeitungsgebühren und evtl. Auslagen.
9. Geldanlagen, die eine sehr hohe Verzinsung, d. h. einen guten Gewinn versprechen, weisen im Allgemeinen nur einen geringen Liquiditätsgrad auf.
10. Faustregel zum Lieferantenkredit: „Je kürzer das Zahlungsziel, umso niedriger der Zins.“
11. Die Spesen werden beim Aktienkauf als Anschaffungsnebenkosten aktiviert.
12. Beim Dispositionskredit räumt der Kreditgeber dem Kreditnehmer einen Kreditrahmen (häufig bis zu drei Netto-Monatsgehälter) ein.
13. Der relative Zinssatz ist der Zinssatz für eine bestimmte Zeit.
14. Bei den kurzfristigen Bankverbindlichkeiten geht man von einer Laufzeit bis zu zwei Jahren aus.
15. Werden Spesen im Zusammenhang mit Verzugszinsen dem Kunden belastet, ergeben sich Erträge, die auf dem Konto 5430 ASBE gebucht werden.
16. Die Rückzahlung des Kontokorrentkredits erfolgt über die Umsatzerlöse.
17. Die Dividende ist abhängig von der Höhe des Kurswertes der Aktie.
18. Aktien gelten als sichere Geldanlageform.
19. Beim Lieferantenkredit werden bei Überschreitung des Zahlungsziels in der Regel neben den Verzugszinsen auch noch Mahngebühren und Spesen erhoben.
20. Eine Kontoüberziehung liegt bei einem zugesagten Dispositionskredit erst dann vor, wenn der eingeräumte Kreditrahmen überschritten wird.

Lösung 3

Aufgabe 4

SÄGEWERK M. **KRAML** GmbH

An der Deutenhofkapelle 16 • 93077 Bad Abbach
Telefon: 09405 3450 • Telefax: 09405 34501

SÄGEWERK M. **KRAML** GmbH • An der Deutenhofkapelle 16 • 93077 Bad Abbach

Firma
Crea Form
Alte Nürnberger Straße 34
93047 Regensburg

RECHNUNG
Kunden-Nr.: W025
Rechnungs-Nr.: 75900
Lieferdatum: 12. November 20.
Auftrags-Nr.: 00801
Auftragsdatum: 08. November 20.

RECHNUNG

Bad Abbach, den 13. November 20..

Wir lieferten ab Werk:

Pos.	Artikel-Nr.	Bezeichnung	Menge	Einzelpreis	Gesamtpreis
1	1030	Lärchenholz	80 m³	78,00 Euro	6.240,00 Euro
				– 5% Rabatt	312,00 Euro
				= Warenwert netto	5.928,00 Euro
				+ 19% USt.	1.126,32 Euro
Vielen Dank für Ihren Auftrag.				= Rechnungsbetrag	7.054,32 Euro

Zahlungsbedingungen: 8 Tage 2% Skonto / 60 Tage rein netto.
Bankverbindung: Raiffeisenbank Bad Abbach/Lengfeld • BLZ 756 760 10 • Kontonummer: 223344
Firmensitz: 93077 Bad Abbach/Lengfeld • Handelsregister Kelheim HRB 1075 • Geschäftsführer: Wolfgang Scheiner
USt-IdNr. DE139408000 • Steuer-Nr. 9126/154/18255

Die o. a. Eingangsrechnung liegt im Unternehmen CreaForm zur Bearbeitung vor.

1. Der Lieferer gewährt uns einen Sofortrabatt.
   Nennen Sie hierfür zwei mögliche Gründe.
2. Bilden Sie den Buchungssatz für den vorliegenden Beleg.
3. Die Transportkosten für die Anlieferung in Höhe von 80,92 € brutto bezahlen wir bar.
4. Aufgrund der schlechten Zahlungsmoral der Kunden reicht das Bankguthaben in Höhe von 2.502,68 € nicht aus, um den Rechnungsbetrag begleichen zu können. Das Unternehmen kann jedoch über einen Kontokorrentkredit (Sollzinsen 10,50%) verfügen.

4.1 Berechnen Sie die Höhe des benötigten Kontokorrentkredits, wenn der Rechnungsbetrag innerhalb der Skontofrist beglichen werden soll.

4.2 Berechnen Sie die Höhe der Einsparung in Euro, wenn der Skonto in Anspruch genommen wird.

5. In der Zwischenzeit ist ein Teil der Kundenforderungen eingegangen, sodass das Bankkonto ein ausreichendes Guthaben aufweist, um die Rechnung des Sägewerks M. Kraml noch in der Skontofrist begleichen zu können.
   Bilden Sie den Buchungssatz durch Banküberweisung am 20. November 20..

Lösung 4

Lösung 4 (Fortsetzung)

Aufgabe 5

Das Unternehmen CreaForm bezog Betriebsstoffe zu folgenden Bedingungen: „Ziel 90 Tage, bei Zahlung innerhalb von 10 Tagen 3% Skonto." Um Skonto ausnutzen zu können, nimmt das Unternehmen einen Kontokorrentkredit zu 9% in Anspruch. Der Kredit muss nun einschließlich Zinsen mit 5.649,93 € zurückgezahlt werden.

1. Berechnen Sie den ursprünglichen Kreditbetrag und die Höhe der Bankzinsen.
2. Berechnen Sie Zieleinkaufspreis und Skonto in Euro.
3. Bilden Sie den Buchungssatz für die Banküberweisung an den Lieferer unter Skontoabzug.
4. Bilden Sie den Buchungssatz für die Tilgung des Kredits und die Zinszahlung durch Abbuchung von unserem Bankkonto.
5. Welcher effektiver Zinssatz entspricht dem Skontoabzug?
6. Wie hoch ist der Finanzierungsgewinn in Euro?

Lösung 5

Lösung 5 (Fortsetzung)

Aufgabe 6

Für ein langfristiges Darlehen über 140.000,00 € zu 6% Zinsen wurde folgender unvollständiger Tilgungsplan erstellt.

	Darlehen	Tilgung	Zinsen	Gesamtzahlung
1. Jahr	140.000,00 €	20.000,00 €	8.400,00 €	28.400,00 €
2. Jahr	120.000,00 €	20.000,00 €	7.200,00 €	?????
3. Jahr	100.000,00 €	20.000,00 €	?????	?????

1. Berechnen Sie die fehlenden Beträge im Schema.
2. Um welche Art von Darlehen handelt es sich? Beschreiben Sie diese Darlehensform
3. Welche Laufzeit hat dieses Darlehen?
4. Wodurch unterscheiden sich Abzahlungs- und Annuitätendarlehen?

Lösung 6

Aufgabe 7

Ein Industrieunternehmen beabsichtigt, nicht benötigte flüssige Mittel gewinnbringend anzulegen. Es beauftragt die Hausbank, Bau-Aktien zum Kurswert von 38.525,00 € zu kaufen.

1. Wie hoch war der Stückkurs beim Kauf, wenn am 15. Januar 20.. insgesamt 115 Stück gekauft wurden?
2. Ermitteln Sie die Banklastschrift für den Aktienkauf, wenn 1% Spesen vom Kurswert zu berücksichtigen sind.
3. Bilden Sie die Buchungssätze

3.1 für den Aktienkauf,

3.2 für die Dividendengutschrift, wenn pro Aktie 3,00 € Dividende ausgeschüttet werden.

4. Nach einem Anstieg des Kurses wird das gesamte Aktienpaket nach 480 Tagen verkauft. Um wie viel ist der Stückkurs in der Zwischenzeit gestiegen, wenn die Bankgutschrift 43.263,00 € beträgt (Spesensatz: 1% vom Kurswert)?
5. Bilden Sie den Buchungssatz für den Verkauf der Aktien.
6. Berechnen Sie die effektive Verzinsung der Aktien unter Berücksichtigung der Spesen und der Depotgebühren in Höhe von 20,00 € für den Besitzzeitraum.
7. Vergleichen Sie die effektive Verzinsung des Aktiengeschäfts mit den Zinsen, die in der Grafik auf Seite 32 für unterschiedliche Geldanlagemöglichkeiten aufgeführt sind.

Lösung 7

Aufgabe 8

MFI-Zinssätze* (Effektivzinssätze p. a. Stand Februar 2012)	
Einlagen privater Haushalte	
• Einlagen mit vereinbarter Laufzeit von bis zu einem Jahr	2,90%
• Einlagen mit vereinbarter Kündigungsfrist von bis zu drei Monaten	1,83%
• Rendite festverzinslicher Wertpapiere	1,70%
Kredite an private Haushalte	
Überziehungskredite, revolvierende Kredite, Kreditkartenkredite	8,84%
Konsumentenkredite mit variabler Verzinsung oder anfänglicher Zinsbindung von bis zu einem Jahr	5,70%
Wohnungsbaukredite mit anfänglicher Zinsbindung von mehr als 10 Jahren	3,95%

**Quelle: MFI-ZINSSTATISTIK FÜR DAS EURO-WÄHRUNGSGEBIET APRIL 2012.*

Fragen und Aufträge zur **Zinsstatistik.**

1. Unterscheiden Sie: Überziehungskredit, Konsumentenkredit und Wohnungsbaukredit.
2. Warum zahlt man für einen Überziehungskredit mehr als doppelt so viele Zinsen wie für den Wohnungsbaukredit?
3. Erkundigen Sie sich bei Ihrer Bank oder Sparkasse nach den aktuellen Zinssätzen für die angeführten Kreditarten.
4. Was versteht man unter festverzinslichen Wertpapieren?
5. Was unterscheidet Aktien von festverzinslichen Wertpapieren?
6. Unterscheiden Sie Termin- und Festgeld.
7. Wovon hängt die Höhe der Guthabenzinssätze ab?

Lösung 8

Lösung 8 (Fortsetzung)

Aufgabe 9

Das Unternehmen CreaForm Regensburg benötigt für den Neubau einer Fertigungshalle noch 200.000,00 € zur Überbrückung einer Finanzierungslücke, die durch die Verzögerung beim Verkauf eines Grundstücks entstanden ist.

Zur Finanzierung eines kurzfristigen Kredits liegen zwei Kreditangebote vor:

Sparbank Regensburg		**Gewerbebank Regensburg**	
Kreditsumme:	200.000,00 €	Kreditsumme:	200.000,00 €
Zinssatz:	8,00% p. a.	Zinssatz:	7,70% p. a.
Bearbeitungsgebühr:	0,80%	Bearbeitungsgebühr:	1,20%
Laufzeit:	250 Tage	Laufzeit:	250 Tage

	A	B	C
1		**Sparbank Regensburg**	**Gewerbebank Regensburg**
2	**Eingabedaten**		
3	Kreditbetrag	200.000,00 €	200.000,00 €
4	Laufzeit	250 Tage	250 Tage
5	Zinssatz	8,0%	7,7%
6	Bearbeitungsgebühr	0,8%	1,2%
7			
8	**Berechnung**		
9	Zinsen	10.958,90 €	
10	Bearbeitungsgebühr	1.600,00 €	
11	Kreditkosten gesamt	12.558,90 €	
12			
13	Effektive Verzinsung	**9,24%**	

1. Berechnen Sie die entsprechenden Werte für die Gewerbebank und vergleichen Sie die effektive Verzinsung.
2. Geben Sie die Berechnungsformeln für die Zellen (Felder) B9, B10, B11 und B13 an.
3. Das Unternehmen CreaForm entscheidet sich für das Angebot der Sparbank.

3.1 Bilden Sie den Buchungssatz für die Bereitstellung des Kredits unter Abzug der Bearbeitungsgebühren.

3.2 Nach 31 Tagen wird das Unternehmen mit Zinsen belastet. Bilden Sie den Buchungssatz.

3.3 Nach 250 Tagen erfolgt die Rückzahlung des Kredits durch Banküberweisung. Bilden Sie den Buchungssatz.

Lösung 9

Lösung 9 (Fortsetzung)

Aufgabe 10

Ziehen Sie zur Beantwortung nachstehende Schaubilder heran:

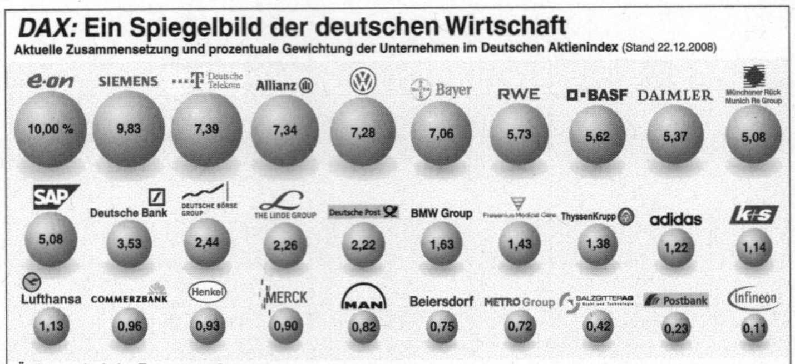

Änderung der Index-Zusammensetzung

Austauschdatum	Aufsteiger	Absteiger
03.09.1990	Metallgesellschaft	Feldmühle Nobel
03.09.1990	Preussag*	Nixdorf Vz.
18.09.1995	SAP Vz.	Deutsche Babcock
22.07.1996	Metro*	Kaufhof
23.09.1996	Münchener Rückversicherung	Continental
18.11.1996	Deutsche Telekom	Metallgesellschaft
22.06.1998	Bay. Hypo- u. Vereinsbank*	Bay. Vereinsbank
22.06.1998	adidas-Salomon	Bay. Hypo- u. Wechselbank
21.12.1998	DaimlerChrysler*	Daimler-Benz
22.03.1999	Degussa-Hüls*	Degussa
25.03.1999	ThyssenKrupp*	Thyssen
20.09.1999	Fresenius Medical Care	Hoechst
14.02.2000	Epcos	Mannesmann
19.06.2000	E.ON*	Veba
19.06.2000	Infineon Technologies	Viag
18.12.2000	Degussa*	Degussa-Hüls
19.03.2001	Deutsche Post	Karstadt Quelle
23.07.2001	MLP Vz.	Dresdner Bank
23.09.2002	Altana	Degussa
23.12.2002	Deutsche Börse	Epcos
22.09.2003	Continental	MLP Vz.
19.12.2005	Hypo Real Estate	Bay. Hypo- u. Vereinsbank
18.09.2006	Deutsche Postbank	Schering
18.06.2007	Merck KGaA	Altana
22.09.2008	K + S	TUI
22.12.2008	Beiersdorf	Continental
22.12.2008	Salzgitter	Hypo Real Estate

*durch Fusion oder Abspaltung   Quelle: Deutsche Börse   © Globus 2576

Weitere Änderungen:

23. März 2009:	Fresenius SE (Auf), Deutsche Postbank (Ab), Hannover Rückversicherung (Auf), Infineon (Ab)
21. September 2009:	Infineon (Auf), Hannover Rückversicherung (Ab)
23. Dezember 2009:	Volkswagen Vorzugsaktien (Auf), Volkswagen Stammaktien (Ab)
21. Juni 2010:	HeidelbergCement (Auf), Salzgitter (Ab)

1. Der DAX wird von der Deutschen Börse seit 1988 berechnet und startete bei 1.163,52 Punkten. Die Indexbasis liegt bei 1.000,00 Punkten per 31. Dezember 1987. 1988 stand der DAX am Jahresende bei 1.327,87 Punkten, am Jahresende 2010 bei 6.914,19 Punkten und am Jahresende 2011 bei 5.898,35 Punkten.
   Berechnen Sie die Veränderung des DAX (in Prozenten) vom 30. Dezember 1988 bis zum 30. Dezember 2011.
2. Wie hoch war der DAX (in Punkten) zum Jahresbeginn 2012?
3. Geben Sie für den Zeitraum von 1989 bis 2011 jeweils die drei Jahre der größten Zunahmen und Abnahmen in Prozenten an.
4. Viele Sparer wählen andere Anlageformen. Nennen Sie zwei Beispiele und begründen Sie Ihre Antwort.
5. Seit 21. Juni 2010 hat der DAX ein neues Mitglied, die *HeidelbergCement*. Sie ersetzt die Salzgitter AG.
   Informieren Sie sich über die aktuellen DAX-Unternehmen und ihre aktuellen Wertpapierkurse und grenzen Sie dabei Deutsche Postbank, Deutsche Post und Deutsche Telekom ab.
6. Wodurch ergeben sich Änderungen im DAX?

Lösung 10

Aufgabe 11

Mahnung

Das Unternehmen CreaForm sendete bereits am 18. 09. 20.. an den Kunden Waldherr ein Mahnschreiben mit dem folgenden Text (siehe auch Beleg 3.28, Seite 8):

CREAFORM

Christine Frost e. Kfr.
Alte Nürnberger Straße 34 • 93047 Regensburg
Telefon: 0941 436587 • Fax: 0941 436586
E-Mail: info@creaform.xyz
Internet: www.creaform.xyz

CREAFORM • Alte Nürnberger Straße 34 • 93047 Regensburg

Firma Waldherr
Am Weinberg 25
92421 Schwandorf

Regensburg, 18. September 20..

MAHNUNG
RECHNUNG NR. 00432

Sehr geehrter Herr Waldherr,

leider haben Sie unsere Rechnung Nr. 00432 (Lieferung von Bürostühlen) vom 18. Juli 20.. – fällig am 18. August 20.. – trotz Zahlungserinnerung bis heute, den 18. September 20.. noch nicht beglichen.

Wir belasten Sie daher mit folgenden Kosten.

Rechnungsbetrag, fällig am 18. August 20..	5.950,00 Euro
zuzüglich Verzugszinsen für 31 Tage	60,64 Euro
zuzüglich Mahnspesen	10,00 Euro
Gesamtbetrag am 18. September 20..	6.020,64 Euro

Mit freundlichen Grüßen

Christine Frost

Bankverbindung: Sparbank Regensburg • BLZ 720 687 00 • Kontonummer: 48120
Amtsgericht Regensburg HRA 4990
USt-IdNr. DE432345678 • Steuer-Nr. 9244/225/48048

1. Bilden Sie die Buchungssätze
1.1 für die Ausgangsrechnung (siehe Beschreibung des Unternehmens Seite 1) am 18. Juli 20..,
1.2 für die Belastung des Kunden Waldherr mit Verzugszinsen und Mahnspesen am 18 September 20..,
1.3 für den Zahlungseingang auf unserem Bankkonto am 23. September 20...
2. Welcher Zinssatz wurde bei der Berechnung der Verzugszinsen zugrunde gelegt?

Lösung 11

Lösung 11 (Fortsetzung)

Aufgabe 12

Personalaufwand

Rätsel

Tragen Sie die gesuchten Begriffe in das nachfolgende Lösungsschema ein. Wenn Ihre Eintragungen richtig sind, ergibt sich in der dick umrandeten Spalte das Lösungswort. Es bezeichnet eine betriebliche Sozialleistung, die vor allem in der Zukunft eine immer größer werdende Bedeutung erlangt.

1. Mit diesem Gesetz fördert der Staat die Vermögensbildung der Arbeitnehmer.
2. Wird zwischen den Gewerkschaften und den Arbeitgeberverbänden ausgehandelt.
3. Diese Steuer wird von der Lohnsteuer berechnet und beträgt 8% in Bayern.
4. Das schriftliche Ergebnis von 2.
5. Der Oberbegriff für vier Versicherungsarten, die bei der Gehaltsabrechnung berücksichtigt werden.
6. Es gibt „sechs" davon.
7. Im Rahmen der Lohn- und Gehaltsbuchung entstehen sie gegenüber dem Finanzamt.
8. Steuereinnahmen, die für den „Aufbau Ost" verwendet werden und von der Lohnsteuer berechnet werden.
9. Diese Versicherung zahlt die Alters- und Erwerbsunfähigkeitsrente.
10. Sie sind die Träger der Unfallversicherung.
11. So bezeichnet man den „zweiten" Lohn, der aus gesetzlichen, tariflichen und betrieblichen Sozialleistungen eines Unternehmens besteht.
12. Das bekommt ein Angestellter auf seinem Bankkonto gutgeschrieben.
13. Ab 2012 können Arbeitgeber bei der Finanzverwaltung elektronisch auf die für die Lohn- und Gehaltsabrechnung notwendigen Daten zugreifen. Benötigt werden dazu ein wichtiges Datum des Arbeitnehmers und seine steuerliche Identifikationsnummer.

Lösung 12

1								Ö									U								T		
2						A							E											T			
3					K										U												
4											V																
5			S	O									I				R										
6															K						N						
7		O								V											K						
8											Ä								L								
9													R				H										
10						B									O												
11								P													Z						
12													T														
13																											

Aufgabe 13

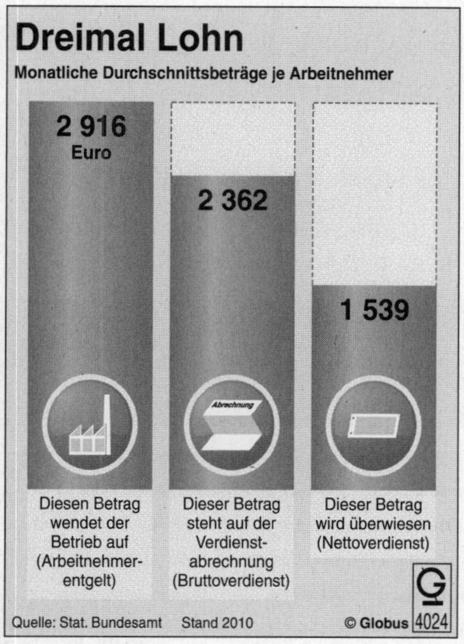

1. Welche Leistung des Arbeitgebers macht den Hauptunterschiedsbetrag zwischen Arbeitnehmerentgelt und Bruttoverdienst aus?
2. Nennen Sie die beiden Postengruppen, die den Unterschiedsbetrag zwischen Bruttoverdienst und Nettoverdienst ausmachen.
3. Welche Posten werden vom Bruttoverdienst abgezogen? Geben Sie diese in steigender Reihenfolge (beginnen Sie mit dem Posten, welcher den kleinsten Abzug bewirkt) an.
4. Wie viel Prozent des Arbeitnehmerentgelts und des Bruttoverdienstes kommen jeweils auf dem Konto des Arbeitnehmers an?

Lösung 13

Aufgabe 14

1. Um wie viel Prozent sind die Arbeitskosten pro Stunde lt. dieser Statistik in Österreich niedriger als in Deutschland?
2. Welche Folgen können sich daraus für ein Unternehmen ergeben, das sowohl in Bayern als auch in Österreich Produktionsstätten hat?
3. Welche Folgen könnten sich daraus für die Arbeitnehmer in Bayern ergeben?
4. Betriebsverlagerungen nach Polen oder Ungarn wären im Hinblick auf die Arbeitskostensituation besonders sinnvoll. Nennen Sie drei weitere Kriterien, die neben den Arbeitskosten bei der Entscheidung zu berücksichtigen sind.

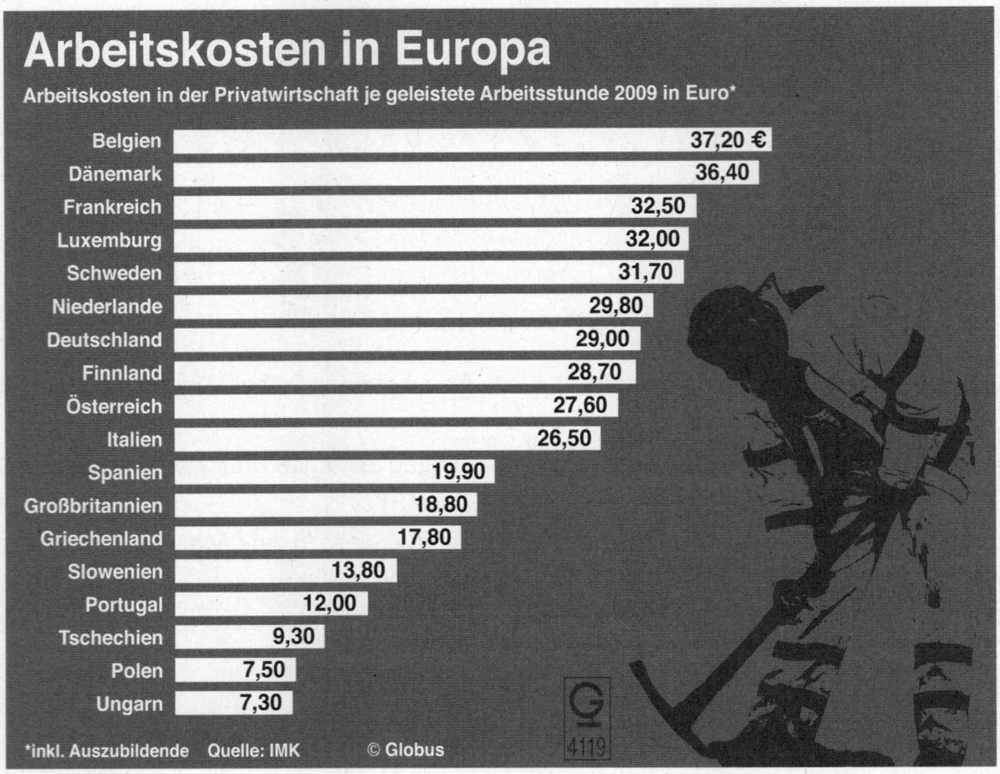

Lösung 14

Aufgabe 15

1. Schätzen Sie vorab die Zunahme des Bruttoverdienstes in Prozenten für den Zeitraum von 1991 bis 2011 und berechnen Sie anschließend die Zunahme des Bruttoverdienstes (in Euro und Prozenten).
2. Berechnen Sie die Zunahme des Nettoverdienstes (in Euro und Prozenten) im gleichen Zeitraum.
3. Um wie viel Prozent ist das reale Einkommen in diesem Zeitraum gesunken?
4. Berechnen Sie die Abgaben (Steuern und Sozialversicherung) für die Jahre 1991 und 2011 in Prozent des Bruttoverdienstes.

5. Warum kann man von einer „Lohnillusion“ sprechen?
6. Welche Folgen ergeben sich aus dieser Entwicklung für die Arbeitnehmer?

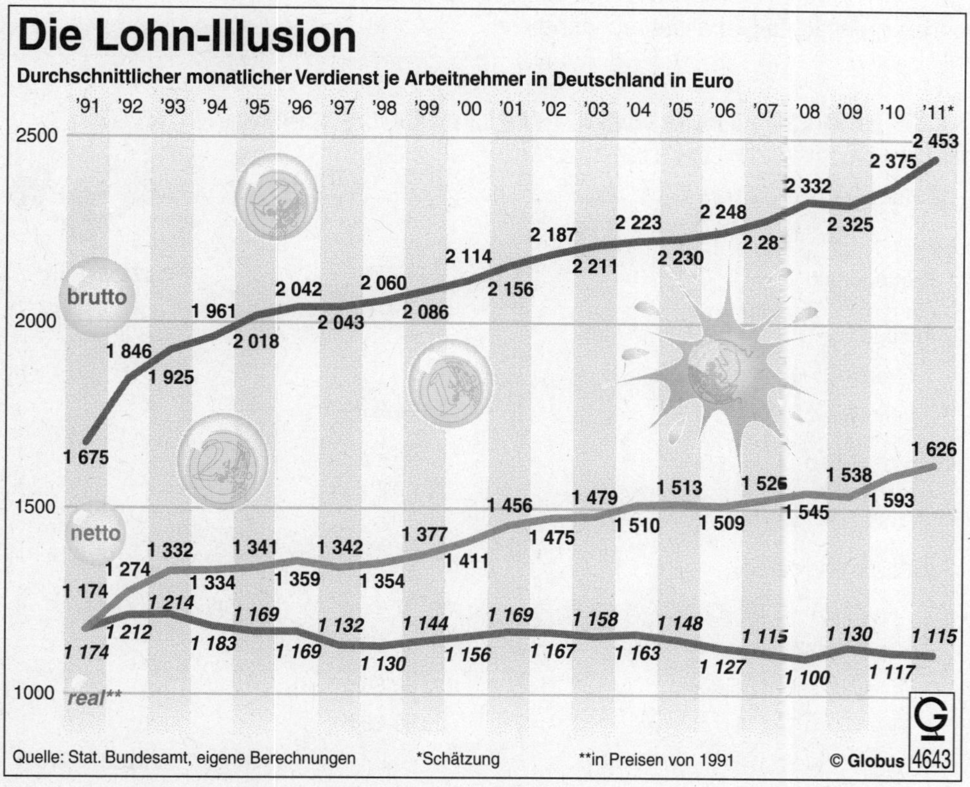

Lösung 15

Aufgabe 16

Gehaltsabrechnung/-buchung

Es liegt Ihnen folgende vereinfachte Gehaltsabrechnung vor:

GEHALTSABRECHNUNG (VEREINFACHT)
FÜR KLAUS BENTZ • OKTOBER 20..

Bruttogehalt		**2.424,00 Euro**
Abzüge		
1. Steuern		
Lohnsteuer (IV/0)	318,66 Euro	
	17,52 Euro	
Kirchensteuer	25,49 Euro	
		Euro
2. Sozialversicherung		
	198,77 Euro	
Rentenversicherung	237,55 Euro	
Arbeitslosenversicherung	36,36 Euro	
	29,69 Euro	
		502,37 Euro
Abzüge gesamt		**864,04 Euro**
Nettogehalt		**1.559,96 Euro**

1. Ergänzen Sie die fehlenden Eintragungen.
2. Was sagt die für Herrn Bentz eingetragene Steuerklasse über den Familienstand aus?
3. Berechnen Sie die Höhe der gesamten Abzüge in Prozenten des Bruttogehaltes.
4. Bilden Sie die Buchungssätze

4.1 für die Gehaltszahlung durch Banküberweisung und für den Arbeitgeberanteil zur Sozialversicherung,

4.2 für die Banküberweisung der einbehaltenen Sozialversicherungsbeiträge.

Hinweis: Seit 01. 01. 2012 gelten folgende Beitragssätze:

Versicherungszweig	Krankenversicherung	Rentenversicherung	Arbeitslosenversicherung	Pflegeversicherung
Beitragssatz	15,50%	19,60%	3,00%	1,950%
Arbeitnehmeranteil	8,20%*	9,80%	1,50%	0,975% (1,225%)**
Sonderbeiträge	*einschl. 0,90% Sonderbeitrag	–	–	**Kinderlose über 23 Zuschlag 0,25%
Arbeitgeberanteil	7,30%	9,80%	1,50%	0,975%

Lösung 16

Lösung 16 (Fortsetzung)

Aufgabe 17

Beantworten Sie die Fragen zur Grafik „Soziale Höchstlast – Monatliche Höchstbeiträge in der Sozialversicherung …“.

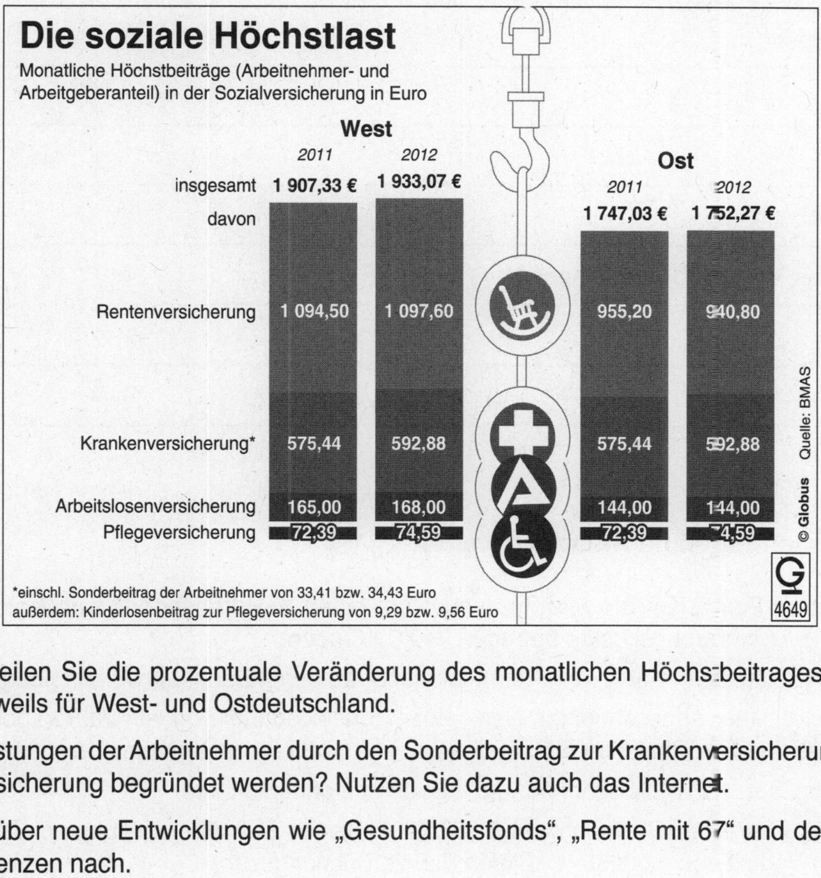

1. Berechnen und beurteilen Sie die prozentuale Veränderung des monatlichen Höchstbeitrages zur Sozialversicherung von 2011 auf 2012 jeweils für West- und Ostdeutschland.
2. Wie könnten die Belastungen der Arbeitnehmer durch den Sonderbeitrag zur Krankenversicherung und den Kinderlosen-Beitrag zur Pflegeversicherung begründet werden? Nutzen Sie dazu auch das Internet.
3. Informieren Sie sich über neue Entwicklungen wie „Gesundheitsfonds“, „Rente mit 67“ und denken Sie über mögliche persönliche Konsequenzen nach.

Lösung 17

Aufgabe 18

Welche der folgenden Personalzusatzkosten sind gesetzlich festgelegt bzw. werden freiwillig oder tarifvertraglich gewährt?

Lösung 18

Personalzusatzkosten	gesetzlich festgelegt	freiwillig bzw. tarifvertraglich
betriebliche Unfallversicherung		
betriebliche Altersversorgung		
Weihnachtsgeld		
bezahlter Urlaub		
Lohnfortzahlung im Krankheitsfall		
Zuschüsse zu vermögenswirksamen Leistungen		
bezahlte Feiertage		
Gewinnbeteiligung		

Aufgabe 19

Berechnungen und Buchungen im Anlagenbereich

Der Fuhrpark der **Friedrich Fichte GmbH** wird im Januar um einen Kleintransporter zum Nettoanschaffungspreis von 30.560,00 € erweitert. Die Überführungskosten betragen 940,00 € netto.

1. Bilden Sie den Buchungssatz beim Kauf, wenn der Gesamtbetrag durch Banküberweisung beglichen wird.
2. Der Kleintransporter wird linear abgeschrieben. Nach einer Nutzungsdauer von vier Jahren beträgt der Buchwert noch 10.500,00 €. Berechnen Sie den jährlichen Abschreibungsbetrag und die angenommene Nutzungsdauer.
3. Bilden Sie den Buchungssatz für die Abschreibung am Ende des dritten Jahres.
4. Die Firma verkauft das Fahrzeug (Restbuchwert 5.250,00 €) gegen Banküberweisung zu Beginn des sechsten Nutzungsjahres mit einem Verlust von 1.000,00 €. Bilden Sie die Buchungssätze.

Lösung 19

Aufgabe 20

Welche der folgenden Aussagen zu den geringwertigen Wirtschaftsgütern sind richtig oder falsch?

Lösung 20

	richtig	falsch
Alle selbstständig nutzbaren, beweglichen Wirtschaftsgüter, deren Anschaffungskosten höchstens 150,00 € netto betragen, werden beim Kauf sofort als Aufwand auf dem Konto 6800 BMK erfasst.		
Alle selbstständig nutzbaren, beweglichen Wirtschaftsgüter, mit Anschaffungskosten 150,01 € bis 1.000,00 € brutto, werden auf dem Konto 0895 SP erfasst.		
Die Sammelposten werden über eine Dauer von 5 Jahren mit 20%, jeweils zum Jahresende, über das Konto 6520 ABSA abgeschrieben.		
Sammelposten gehören zum Anlagevermögen.		
„Hochwertige" Anlagegüter mit einem Anschaffungswert von mehr als 1.000,00 € müssen zeitanteilig beginnend mit dem Monat der Anschaffung abgeschrieben werden. Bereits angefangene Monate sind dabei nicht mehr zu berücksichtigen.		
Beim Verkauf von Anlagegütern rechnet sich der zeitanteilige Restbuchwert bis einschließlich des Monats vor dem Verkauf.		

Aufgabe 21

Bilden Sie die erforderlichen Buchungssätze für den Verkauf der folgenden gebrauchten Anlagegüter, USt. 19%.

1. Verkauf eines gebrauchten Kopiergerätes zum Nettopreis von 1.200,00 € auf Ziel. Das Kopiergerät stand mit 850,00 € zu Buche.
2. Barverkauf von zwei gebrauchten PC (Buchwert jeweils 1,00 €) an einen Auszubildenden des Unternehmens zu je 40,00 €.
3. Eine Holzbearbeitungsmaschine, Buchwert 3.400,00 €, wird zum Bruttopreis von 4.165,00 € auf Ziel verkauft.
4. Ein Lieferwagen (Buchwert 2.400,00 €) hat nach einem Unfall nur noch Schrottwert. Ein Schrotthändler zahlt bar, brutto 714,00 €.

Lösung 21

Lösung 21 (Fortsetzung)

Aufgabe 22

Das Unternehmen Franz Reger entscheidet sich für den Kauf einer neuen Verpackungsmaschine. Die Anschaffungskosten betragen 65.000,00 € netto. Die betriebsgewöhnliche Nutzungsdauer wird auf 13 Jahre festgelegt.

1. Bilden Sie den Buchungssatz für den Zielkauf der Verpackungsmaschine im Januar.
2. Wie lautet der Buchungssatz für die Abschreibung am Ende des ersten Nutzungsjahres?
3. Ermitteln Sie die Steuerersparnis für Unternehmer Franz Reger am Ende des ersten Nutzungsjahres bei einem angenommenen Einkommensteuersatz von 35%.
4. Am Ende des dritten Nutzungsjahres wird die Verpackungsmaschine (Restbuchwert 50.000,00 €) wegen einer Produktionserweiterung für brutto 53.550,00 € auf Ziel verkauft. Bilden Sie die notwendigen Buchungssätze.

Lösung 22

Aufgabe 23

Bestandsveränderungen

Folgende Angaben liegen für die Hosenfabrik „Kevin Groß“ vor:

Konto 2000 R	Anfangsbestand:	23.400,00 €
	Schlussbestand:	18.600,00 €

Geschäftsfälle:

Zieleinkauf von Stoffen, netto 54.000,00 €.
Rücksendung von Stoffen an den Lieferer, brutto 2.975,00 €.

Vorbereitende Abschlussbuchungen:

Abschluss des Kontos 6001 BZKR, 3.200,00 €.
Abschluss des Kontos 6002 NR, 1.400,00 €.

1. Bilden Sie die Buchungssätze für die beiden Geschäftsfälle und die vorbereitenden Abschlussbuchungen.
2. Erstellen Sie die Konten 2000 R und 6000 AWR und tragen Sie die vorliegenden Angaben ein.
3. Ermitteln Sie Art und Höhe der Bestandsveränderung.
4. Wie hoch war der Rohstoffverbrauch?
5. Bilden Sie die Buchungssätze für

5.1 die Bestandsveränderungen,

5.2 den Abschluss des Kontos 2000 R,

5.3 den Rohstoffverbrauch.

Lösung 23

Lösung 23 (Fortsetzung)

Aufgabe 24

Bewertung und Ausfall von Forderungen

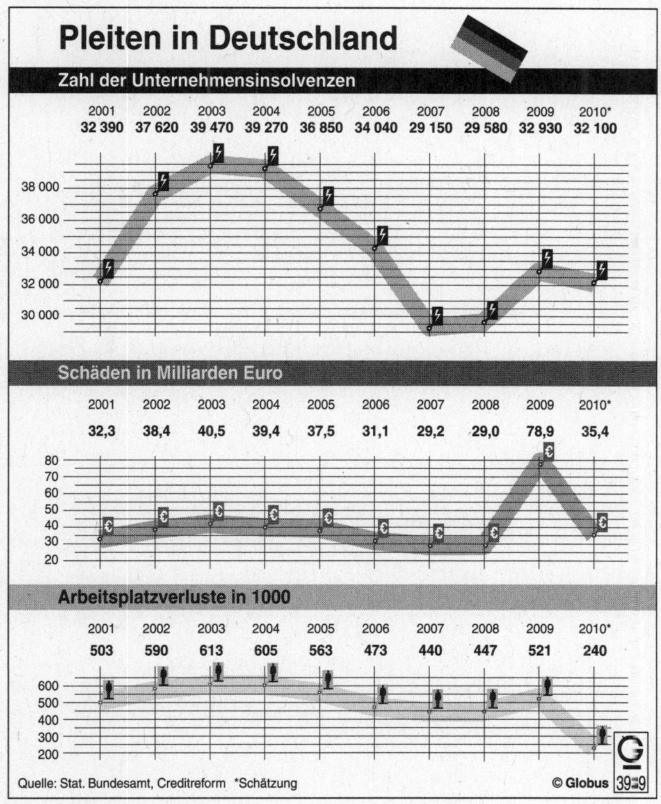

1. Nennen Sie Gründe für Unternehmensinsolvenzen.
2. Berechnen Sie die prozentuale Veränderung der Zahl der Unternehmensinsolvenzen, der Schäden und der Arbeitsplätze von 2008 auf 2009 und 2009 auf 2010 und beurteilen Sie die Ergebnisse.
3. Suchen Sie im Internet die für Ihren Regierungsbezirk zuständigen Insolvenzgerichte und aktuelle Zahlen der von ihnen eröffneten Insolvenzverfahren.
4. Untersuchen Sie einen konkreten Insolvenzfall in Ihrem Heimatbereich (Ursachen, Schaden, Folgen).

Lösung 24

Lösung 24 (Fortsetzung)

Aufgabe 25

Die Möbelfabrik **Friedrich Fichte GmbH** verkauft am 12. Juni 20.. an den Möbelhändler Mederle 50 Büroschränke zum Nettopreis von 1.160,00 € je Stück. Außerdem werden dem Möbelhändler die Transportkosten von netto 2.000,00 € in Rechnung gestellt. Zahlungsziel drei Monate.

1. Bilden Sie den Buchungssatz für den Verkauf auf Ziel.
2. Die **Friedrich Fichte GmbH** erfährt am 2. September 20.., dass sich Mederle in Zahlungsschwierigkeiten befindet.
3. Bilden Sie den Buchungssatz für die vorbereitende Abschlussbuchung, wenn am 31. Dezember 20.. das Insolvenzverfahren noch nicht abgeschlossen ist und die **Friedrich Fichte GmbH** mit einem Forderungsausfall von 60% rechnet.
4. Am 15. Januar des folgenden Jahres teilt uns der Insolvenzverwalter mit, dass wir bei unserem Kunden Mederle eine Insolvenzquote von 20% erhalten.

   Bilden Sie den Buchungssatz für die Banküberweisung.
5. Am Ende des Geschäftsjahres wird die vorhandene Einzelwertberichtigung (siehe 3) nicht mehr benötigt.

Lösung 25

Aufgabe 26

Im Unternehmen „CreaForm“ liegt am Jahresende folgendes Rechenblatt vor:

	A	B	C	D
1	BERECHNUNG DER EINZELWERTBERICHTIGUNG AM JAHRESENDE			
2				
3	**Kunde**	**Zweifelhafte Forderung (brutto)**	**geschätzter Ausfall**	**erforderliche Einzelwertberichtigung**
4	Amann GmbH	4.046,00 €	40%	
5	Berger & Co.	2.142,00 €	30%	
6	Cleister & Söhne	833,00 €	60%	
7	Dormann-Werke	3.332,00 €	70%	
8	Eigenseer & Co.	9.639,00 €	40%	
9	Friedrich AG	6.188,00 €	80%	
10				
11		Erforderliche Einzelwertberichtigung		
12		Vorhandene Einzelwertberichtigung		10.800,00 €
13		Anpassung (Erhöhung/Herabsetzung)		

1. Ermitteln Sie mit dem oben stehenden Rechenblatt die fehlenden Werte.
2. Wie lautet die Formel für D4 und D13?
3. Bilden Sie den Buchungssatz am Jahresende für die Einzelwertberichtigung.
4. Warum darf bei der Einzelwertberichtigung am Jahresende keine Korrektur der Umsatzsteuer vorgenommen werden?
5. Bilden Sie die Buchungssätze zu den zweifelhaften Forderungen, die im **Februar des folgenden Jahres** abgeschlossen werden:

5.1 Das Insolvenzverfahren über das Vermögen der Firma Amann GmbH wird mangels Masse eingestellt.

5.2 Berger & Co. überweist 952,00 € auf das Bankkonto. Der Rest ist verloren.

5.3 Der Insolvenzverwalter von Cleister & Söhne überweist die Insolvenzquote von 40%.

5.4 Die Dormann-Werke werden von einem anderen Unternehmen übernommen. Der gesamte Forderungsbetrag geht auf unserem Bankkonto ein.

6. Zu welchem Zeitpunkt wird auf dem Konto 3670 EWB gebucht?
7. Wie unterscheidet sich die Abschreibungsart bei der Buchung am 31. Dezember und im Februar des Folgejahres?
8. Im April gehen überraschend von der Amann GmbH (siehe 5.1) 714,00 € auf unserem Bankkonto ein. Bilden Sie den Buchungssatz.

Lösung 26

Lösung 26 (Fortsetzung)

Aufgabe 27

Folgendes unvollständige Rechenblatt liegt am Ende des Geschäftsjahres vor:

1. Ergänzen Sie die fehlenden Werte in diesem Rechenblatt.
2. Geben Sie die Berechnungsformel für C4 und C7 an.
3. Bilden Sie den Buchungssatz für die Bildung der Pauschalwertberichtigung.
4. Wie würde der Buchungssatz bei einer vorhandenen PWB von 3.800,00 € lauten?

Lösung 27

	A	B	C
1	**BERECHNUNG DER PAUSCHALWERTBERICHTIGUNG (PWB) AM JAHRESENDE**		
2			
3	einwandfreie Forderungen (brutto) am 31. 12. 20..		166.600,00 €
4	– Umsatzsteuer	19%	
5	= einwandfreie Forderungen (netto)		
6			
7	Prozentsatz der PWB	1%	
8	vorhandene PWB aus dem Vorjahr		400,00 €
9	= Anpassung (Erhöhung/Herabsetzung)		
10			

Aufgabe 28

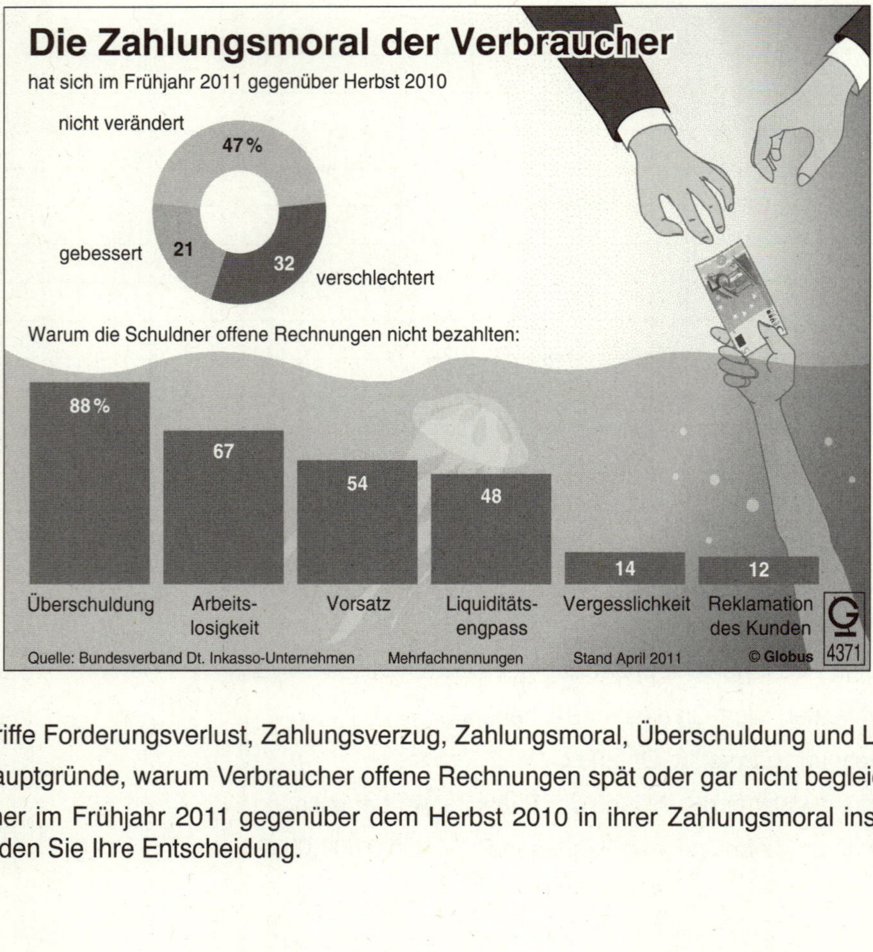

1. Klären Sie die Begriffe Forderungsverlust, Zahlungsverzug, Zahlungsmoral, Überschuldung und Liquiditätsengpass.
2. Nennen Sie drei Hauptgründe, warum Verbraucher offene Rechnungen spät oder gar nicht begleichen.
3. Sind die Verbraucher im Frühjahr 2011 gegenüber dem Herbst 2010 in ihrer Zahlungsmoral insgesamt zuverlässiger geworden? Begründen Sie Ihre Entscheidung.

Lösung 28

2 Periodenrichtige Erfolgsermittlung

2.1 Notwendigkeit einer periodenrichtigen Erfolgsermittlung

2.1.1 Handelsrechtlicher Aspekt

2.1.2 Steuerrechtlicher Aspekt

Aufgabe 29

Das Konto 6710 LS weist einen Gesamtaufwand von 84.500,00 € auf. In diesem Betrag sind 6.500,00 € Leasinggebühren für den Monat Januar enthalten. Berechnen Sie die steuerlichen Auswirkungen bei einem Einkommensteuersatz von 35%.

Lösung 29

2.1.3 Betriebswirtschaftlicher Aspekt

Aufgabe 30

Erklären Sie die betriebswirtschaftliche Notwendigkeit für eine periodengerechte Erfolgsermittlung.

Lösung 30

2.1.4 Abgrenzung der Begriffe Ausgabe und Aufwand von den Begriffen Einnahme und Ertrag

2.2 Möglichkeiten der periodischen Abgrenzung

Aufgabe 31

Stellen Sie bei den nachfolgend aufgeführten Beispielen fest, welcher der vier genannten Fälle der Jahresabgrenzung vorliegt.

1. Unser Mieter überweist die Miete für den Zeitraum Dezember bis Februar des neuen Geschäftsjahres bereits im Dezember.
2. Die Kfz-Haftpflichtversicherungsbeiträge werden im November für ein halbes Jahr im Voraus überwiesen.
3. Ein Darlehensnehmer überweist die Zinsen für den Zeitraum Dezember bis Mai rückwirkend im Mai des neuen Jahres.
4. Der IHK-Beitrag für den Zeitraum Dezember bis März wird vereinbarungsgemäß erst im März des neuen Geschäftsjahres überwiesen.

Lösung 31

Lösung 31 (Fortsetzung)

Aufgabe 32

Zeigen Sie je zwei Aufwands- und Ertragsvorgänge auf, die einer zeitlichen Abgrenzung unterliegen.

Lösung 32

Aufgabe 33

Stellen Sie fest, ob eine Einnahme, eine Ausgabe, ein Aufwand, ein Ertrag, eine Forderung oder Verbindlichkeit vorliegt. Setzen Sie das Kreuz in die entsprechende Spalte des unten stehenden Lösungsschemas.

1. Ein Kunde überweist 5.000,00 €.
2. Banküberweisung der Löhne, 30.000,00 €.
3. Banklastschrift für Darlehenszinsen, 500,00 €.
4. Tilgung eines Darlehens durch Banküberweisung, 3.000,00 €.
5. Verkauf von Fertigerzeugnissen auf Ziel, 40.000,00 € netto.
6. Die Miete für den Zeitraum Dezember und Januar wird der Firma Karl bereits im Dezember überwiesen, 1.150,00 €.
7. Kauf von Rohstoffen auf Ziel, 2.000,00 € netto.
8. Kauf eines Firmen-Pkw auf Ziel, 50.000,00 € netto.
9. Banküberweisung der betrieblichen Kfz-Steuer für den Zeitraum November bis Oktober d. n. Jahres im November, 4.800,00 €.
10. Die Darlehenszinsen für den Zeitraum November bis April werden an den Darlehensgeber im Nachhinein überwiesen, 900,00 €.
11. Die Firma Kurz überweist uns die Miete für Dezember, Januar und Februar vereinbarungsgemäß erst im Februar, 900,00 €.
12. Kauf von Betriebsstoffen gegen Barzahlung, 400,00 € netto.

Lösung 33

Nr.	Einnahme	Ausgabe	Aufwand	Ertrag	Forderung	Verbindlichkeit
1						
2						
3						
4						
5						
6						
7						
8						
9						
10						
11						
12						

Aufgabe 34

Bei welchen Geschäftsfällen der Aufgabe A 33 ist eine Abgrenzung notwendig?

Lösung 34

Aufgabe 35

Tragen Sie jeden Abgrenzungsfall der Aufgabe A 34 in eine der unten stehenden Tabellen ein und ordnen Sie die Begriffe Vorauszahlung, Nachzahlung, Einnahme, Ausgabe, anteiliger Aufwand oder anteiliger Ertrag richtig zu.

Lösung 35

Abgrenzungsfall: ___________

Bilanzstichtag 31. 12.	
altes Jahr	neues Jahr

Abgrenzungsfall: ___________

Bilanzstichtag 31. 12.	
altes Jahr	neues Jahr

Abgrenzungsfall: ___________

Bilanzstichtag 31. 12.	
altes Jahr	neues Jahr

Abgrenzungsfall: ___________

Bilanzstichtag 31. 12.	
altes Jahr	neues Jahr

2.3 Berechnung des abzugrenzenden Betrages

Aufgabe 36

1. Welche Geschäftsfälle liegen zugrunde?
2. Verteilen Sie die Beträge auf das alte und das neue Geschäftsjahr.

	Abzugrenzender Betrag	Zeitraum	Erfolgskonto	Zahlungsmodus
1	600,00 €	01. 09.–28. 02.	6700 AWMP	im Voraus
2	1.320,00 €	01. 11.–30. 04.	5710 ZE	im Nachhinein
3	2.400,00 €	01. 12.–28. 02.	5400 EMP	im Voraus
4	3.600,00 €	01. 10.–31. 03.	6920 BWB	im Voraus
5	720,00 €	01. 12.–31. 07.	6900 VBEI	im Voraus
6	660,00 €	01. 08.–31. 07.	6710 LS	im Voraus
7	360,00 €	01. 04.–31. 03.	5710 ZE	im Nachhinein
8	120,00 €	01. 06.–31. 05.	6700 AWMP	im Voraus
9	540,00 €	01. 07.–30. 06.	7030 KFZST	im Voraus
10	180,00 €	01. 11.–30. 04.	7510 ZAW	im Nachhinein

Lösung 36

Lösung 36 (Fortsetzung)

2.4 Buchung der zeitlichen Abgrenzung

2.4.1 Aktive Rechnungsabgrenzung

Aufgabe 37

Bilden Sie die Buchungssätze.

Buchungssätze:	Geschäftsfall:
– Laufende Buchung bei Banküberweisung – Vorbereitende Abschlussbuchung – Abschlussbuchung – Eröffnungsbuchung im neuen Jahr – Umbuchung im neuen Jahr	Die Brandversicherung für das Betriebsgebäude wird am 1. Oktober für ein Jahr im Voraus überwiesen, Banklastschrift 840,00 €.

Lösung 37

2.4.2 Passive Rechnungsabgrenzung

Aufgabe 38

Bilden Sie die Buchungssätze.

Buchungssätze:	Geschäftsfall:
– Laufende Buchung bei Banküberweisung – Vorbereitende Abschlussbuchung – Abschlussbuchung – Eröffnungsbuchung im neuen Jahr – Umbuchung im neuen Jahr	Für die Zeit vom 01. 11. bis 30. 04. des nächsten Jahres erhalten wir Darlehenszinsen, 3.600,00 €, im Voraus durch Banküberweisung.

Lösung 38

Aufgabe 39

Zeichnen Sie zu jedem Geschäftsfall eine Zeitgerade, tragen Sie den Aufwand bzw. Ertrag in die Zeitgerade ein und stellen Sie fest, ob eine aktive oder passive Rechnungsabgrenzung vorliegt.

1. Am 01. 12. werden die Zinsen von der Fa. Stefanie Bauer für die Monate Dezember bis Mai d. n. J. für sechs Monate im Voraus überwiesen, 3.000,00 €.
2. Ein Darlehensschuldner zahlt die Zinsen vereinbarungsgemäß vierteljährlich im Voraus. Zahlungseingang auf dem Bankkonto 450,00 € lt. Beleg vom 01. 12.
3. Die Kfz-Steuer in Höhe von 2.400,00 € wird am 01. 08. für ein Jahr im Voraus überwiesen.
4. Am 01. 10. wird der IHK-Beitrag für ein Jahr im Voraus überwiesen, 600,00 €.

Lösung 39

Lösung 39 (Fortsetzung)

Aufgabe 40

Bilden Sie zu den Geschäftsfällen der Aufgabe A 39 folgende Buchungssätze:

- für die Zahlung (Banküberweisung)
- für die Vorabschlussbuchung am 31. 12.
- für die Hauptabschlussbuchung am 31. 12.
- für die Eröffnungsbuchung im neuen Jahr
- für die Umbuchung im neuen Jahr

Lösung 40

Lösung 40 (Fortsetzung)

2.4.3 Sonstige Forderungen

Aufgabe 41

Bilden Sie die Buchungssätze.

Buchungssätze:	Geschäftsfall:
– Vorbereitende Abschlussbuchung – Abschlussbuchung – Eröffnungsbuchung im neuen Jahr – Laufende Buchung im neuen Jahr bei Banküberweisung	Vereinbarungsgemäß werden die Zinsen für November, Dezember und Januar erst zum 31. 01. des neuen Jahres durch den Darlehensnehmer überwiesen, Bankgutschrift 450,00 €.

Lösung 41

2.4.4 Sonstige Verbindlichkeiten

Aufgabe 42

Bilden Sie die Buchungssätze.

Buchungssätze:	Geschäftsfall:
– Vorbereitende Abschlussbuchung – Abschlussbuchung – Eröffnungsbuchung im neuen Jahr – Laufende Buchung im neuen Jahr bei Banküberweisung	Der Beitrag für den Arbeitgeberverband für den Zeitraum 01. 09. bis 31. 08. des neuen Jahres ist noch nicht überwiesen. Der Beitrag beträgt 630,00 €.

Lösung 42

Aufgabe 43

Zeichnen Sie zu jedem Geschäftsfall eine Zeitgerade, tragen Sie den Aufwand bzw. der Ertrag ein und stellen Sie fest, ob eine Sonstige Forderung oder eine Sonstige Verbindlichkeit vorliegt.

1. Zum Bilanzstichtag (31. 12.) wurden Zinsen für den Zeitraum November bis März in Höhe von 250,00 € noch nicht gutgeschrieben.
2. Der IHK-Beitrag (Zeitraum Oktober bis März des neuen Jahres) in Höhe von 250,00 € wird erst im März fällig.
3. Ein Darlehensschuldner überweist die Zinsen für den Zeitraum Dezember bis Mai des neuen Jahres in Höhe von 600,00 € nachträglich.
4. Die Versicherungsprämie für den Zeitraum November bis Oktober des neuen Jahres in Höhe von 1.200,00 € wird im April des neuen Jahres überwiesen.

Lösung 43

Lösung 43 (Fortsetzung)

Aufgabe 44

Bilden Sie zu den Geschäftsfällen der Aufgabe A 43 die folgenden Buchungssätze:

- für die Vorabschlussbuchung am 31. 12.
- für die Hauptabschlussbuchungen am 31. 12.
- für die Eröffnungsbuchung im neuen Jahr
- für die Zahlung im neuen Jahr (Banküberweisung)

Lösung 44

Lösung 44 (Fortsetzung)

Aufgabe 45

Zeichnen Sie eine Zeitgerade und bilden Sie die Buchungssätze:
- zum Bilanzstichtag
- bei Zahlung im neuen Jahr (Banküberweisung).

1. Das Finanzamt schickt eine Mahnung für noch zu zahlende Kfz-Steuer für den Zeitraum Dezember bis November des neuen Jahres in Höhe von 450,00 €. Die Überweisung erfolgt am 05. 01. des neuen Jahres.

2. Für ein Darlehen in Höhe von 10.000,00 € zahlt der Schuldner lt. Vertrag 9,00% Zinsen jeweils am 01. 02. und am 01. 08. im Nachhinein.

3. Für ein Darlehen an die Firma Dusold erhält die Fa. Stefanie Bauer für den Zeitraum November bis Ende April 480,00 € Zinsen im Nachhinein.

4. Die Prämie für die Brandversicherung in Höhe von 1.200,00 € (Oktober bis März) wird am 31. 03. des neuen Jahres überwiesen.

5. Der IHK-Beitrag für den Zeitraum vom Dezember bis Februar wird am 28. 02. des neuen Jahres überwiesen, 750,00 €.

Lösung 45

Lösung 45 (Fortsetzung)

2.4.5 Umsatzsteuerpflichtige Abgrenzungsfälle

Aufgabe 46

Bilden Sie die Buchungssätze zum Bilanzstichtag für folgende Geschäftsfälle:

1. Die Rechnung für die im Dezember durchgeführte Wartung eines Kopiergerätes in Höhe von 238,00 € brutto wird erst im Januar überwiesen.
2. Die Kosten für eine Fachzeitschrift für den Zeitraum Oktober bis März des neuen Jahres wurden bereits am 15. 10. durch Banküberweisung beglichen, 160,50 € brutto (7% USt.).
3. Die Rechnung über den im Dezember durchgeführten Kundendienst für den Geschäftswagen in Höhe von 714,00 € brutto geht am 20. 12. ein und wird erst im Januar überwiesen.
4. Die Leasingrate für den Zeitraum 01. 11.–30. 04. in Höhe von 1.428,00 € brutto wird im Voraus überwiesen.
5. Der Mieter überwies die Garagenmiete am 01. 09. für ein Jahr im Voraus, 1.428,00 € brutto.

Lösung 46

2.5 Rückstellungen

2.5.1 Bildung von Rückstellungen

Aufgabe 47

Bilden Sie die Buchungssätze für die folgenden Geschäftsfälle zum Bilanzstichtag.

1. Die Firma Stefanie Bauer rechnet für einen laufenden Prozess mit Kosten in Höhe von ca. 2.700,00 €, netto.
2. Die Herstellerfirma unterbreitet im Dezember einen Kostenvoranschlag in Höhe von ca. 7.140,00 €, brutto, für einen Schaden an der Fräsmaschine.
3. Eine dringend notwendige Fassadeninstandsetzung am Betriebsgebäude konnte im Dezember nicht mehr durchgeführt werden. Der Kostenvoranschlag beläuft sich auf 25.000,00 €, netto.
4. Am 23. 12. entstand ein Schaden an der Hobelmaschine. Der Kostenvoranschlag für die Reparatur beläuft sich auf 2.000,00 €, netto.

Lösung 47

2.5.2 Auflösung der Rückstellung

Aufgabe 48

Welche Unterschiede bestehen zwischen Sonstigen Verbindlichkeiten und Rückstellungen?

Lösung 48

Aufgabe 49

In welchen Fällen müssen Rückstellungen gebildet werden?

Lösung 49

Aufgabe 50

Bilden Sie die Buchungssätze:

1. Für eine Kfz-Reparatur wird eine Rückstellung in Höhe von 3.000,00 € gebildet.
2. Auflösung der Rückstellung im neuen Jahr.

2.1 Im neuen Jahr wird die Rechnung über 3.000,00 € netto zuzüglich 19% Umsatzsteuer beglichen (Banküberweisung).
2.2 Im neuen Jahr wird die Rechnung über 3.500,00 € netto zuzüglich 19% Umsatzsteuer beglichen (Banküberweisung).
2.3 Im neuen Jahr wird die Rechnung über 2.600,00 € netto zuzüglich 19% Umsatzsteuer beglichen (Banküberweisung).

Lösung 50

Aufgabe 51

Bilden Sie alle Buchungssätze:
Für einen laufenden Prozess wird eine Rückstellung in Höhe von 2.500,00 € gebildet.
Wider Erwarten wird der Prozess gewonnen. Es entstehen keine Kosten.

Lösung 51

Aufgabe 52

Eine Reparatur an der Hobelmaschine muss noch durchgeführt werden. Die Kosten werden auf 4.800,00 € netto geschätzt. Am 15. 02. geht die Rechnung über einen Betrag von 5.000,00 € netto ein. Der Betrag wird überwiesen.

1. Bilden Sie den Buchungssatz am 31. 12.
2. Bilden Sie den Buchungssatz am 15. 02.
3. Wie müsste der Buchungssatz lauten, wenn der Rechnungsbetrag auf 4.500,00 € netto lauten würde?

Lösung 52

Aufgabe 53

Welchen Einfluss hat die Bildung einer Rückstellung am Jahresende auf die Ergebnisrechnung?

Lösung 53

Aufgabe 54

Am 27. 01. wird die Rechnung für eine Kfz-Reparatur in Höhe von 2.796,50 € (einschließlich 19% Umsatzsteuer) durch Banküberweisung beglichen. Am Jahresende wurde dafür eine Rückstellung über 2.000,00 € gebildet.

1. Welcher Buchungssatz wurde am 31. 12. gebildet?
2. Wie lautet der Buchungssatz am 27. 01.?
3. Wie würde der Buchungssatz am 27. 01. bei einer Rückstellung von 3.000,00 € lauten?

Lösung 54

Aufgabe 55

Welche Geschäftsfälle liegen den folgenden Kontierungen zugrunde?

1.	3900 SORST	2.000,00 €			
	2600 VORST	342,00 €	an	2800 BK	2.142,00 €
				5490 PFE	200,00 €
2.	6770 RBK		an	3900 SORST	4.000,00 €
3.	3900 SORST	4.000,00 €			
	6990 PFAW	500,00 €			
	2600 VORST	855,00 €	an	2800 BK	5.355,00 €

Lösung 55

2.6 Zusammenfassende Aufgaben

Aufgabe 56

1. Welches Merkmal haben Aktive und Passive Rechnungsabgrenzung gemeinsam?
2. Worin unterscheiden sich Aktive und Passive Rechnungsabgrenzung?

Lösung 56

Aufgabe 57

1. Welches Merkmal haben Sonstige Forderungen und Sonstige Verbindlichkeiten gemeinsam?
2. Worin unterscheiden sich Sonstige Forderungen und Sonstige Verbindlichkeiten?

Lösung 57

Aufgabe 58

Nennen Sie zu jeder der folgenden Abgrenzungen einen passenden Geschäftsfall.

1. Aktive Rechnungsabgrenzung
2. Passive Rechnungsabgrenzung
3. Sonstige Forderungen
4. Sonstige Verbindlichkeiten

Lösung 58

Aufgabe 59

Zum Bilanzstichtag müssen bei der Firma Anton Kurz noch folgende Vorabschlussbuchungen durchgeführt werden. Bilden Sie die Buchungssätze.

1. Die Telefonrechnung für Dezember über 357,00 €, brutto, wurde noch nicht gebucht.
2. Am 01. 10. wurde die Kfz-Steuer für ein Jahr im Voraus überwiesen, 2.400,00 €.
3. Eine Bankgutschrift für Zinsen für den Zeitraum November bis Januar in Höhe von 450,00 € steht noch aus.
4. Am 02. 11. wurden die Darlehenszinsen für ein halbes Jahr im Voraus überwiesen, 840,00 €.
5. Im Konto 5400 EMP sind 300,00 € bereits bezahlte Januarmiete enthalten.

Lösung 59

Aufgabe 60

Zeichnen Sie zu den folgenden Geschäftsfällen eine Zeitgerade, tragen Sie den Aufwand bzw. Ertrag des neuen Jahres ein und bilden Sie die Buchungssätze:

- bei Zahlung
- zum Bilanzstichtag
- im neuen Jahr

1. Bankgutschrift eines Schecks für Miete am 01. 12. für die Zeit vom 01. 12. bis 28. 02., 1.200,00 €, netto.
2. Ein Darlehensschuldner überweist am 02. 11. die Zinsen für den Zeitraum November bis Januar, 1.350,00 €.
3. Am 01. 09. wird die betriebliche Kfz-Steuer für ein Jahr im Voraus überwiesen, 1.800 00 €.
4. Banklastschrift für Geschäftsmiete gemäß Mietvertrag am 01. 12. für ein halbes Jahr im Voraus, 6.000,00 €, netto.

Lösung 60

Lösung 60 (Fortsetzung)

Aufgabe 61

Welche Geschäftsfälle liegen den folgenden Kontierungen zugrunde?

1.	2900 ARA		an	6700 AWMP	750,00 €
2.	2900 ARA		an	7510 ZAW	400,00 €
3.	8010 SBK		an	2900 ARA	3.400,00 €
4.	8000 EBK		an	4900 PRA	1.800,00 €
5.	4900 PRA		an	5710 ZE	800,00 €
6.	4900 PRA		an	8010 SBK	1.300,00 €
7.	4900 PRA		an	5400 EMP	800,00 €
8.	2690 SOFO		an	5710 ZE	500,00 €
9.	2800 BK	1.071,00 €	an	5400 EMP	900,00 €
				4800 UST	171,00 €
10.	6710 LS	200,00 €			
	2600 VORST	38,00 €	an	4890 SOVE	238,00 €
11.	8000 EBK		an	4890 SOVE	4.000,00 €
12.	4890 SOVE		an	8010 SBK	2.500,00 €

Lösung 61

Aufgabe 62

Bilden Sie die Buchungssätze:
- am Bilanzstichtag
- bei Zahlung im neuen Jahr durch Banküberweisung

1. Die Leasinggebühr für Dezember bis einschließlich Januar wird erst am 31. 01. des neuen Jahres beglichen, 500,00 € netto.
2. Zinsgutschrift lt. Vertrag am 30. 04. für ein halbes Jahr im Nachhinein, 600,00 €.

Lösung 62

Aufgabe 63

Bilden Sie die Buchungssätze:
- am Bilanzstichtag
- zur Umbuchung auf das Ergebniskonto im neuen Jahr

1. Von den auf dem Konto 7030 KFZST gebuchten Beträgen entfallen 1.000,00 € auf das neue Jahr.
2. Am 01. 12. Zahlung der Kfz-Versicherung per Banküberweisung für ein halbes Jahr im Voraus, 1.200,00 €.
3. Bankgutschrift am 01. 10. für Zinsen für ein halbes Jahr im Voraus, 1.200,00 €.
4. Am 20. 12. geht Miete für den Monate Dezember/Januar durch Banküberweisung ein, 400,00 €, netto.

Lösung 63

Aufgabe 64

Bilden Sie alle Buchungssätze:

1. Am 01. 12. Bankgutschrift der Miete vom 01. 12. bis 28. 02. netto 1.200,00 €.
2. Ein Darlehensschuldner überweist am 31. 10. die Zinsen in Höhe von 300,00 € für die Zeit vom 01. 11. bis 31. 01. per Bank.
3. Für ein Darlehen in Höhe von 10.000,00 € zahlt der Schuldner lt. Vertrag 540,00 € Zinsen am 31. 01. für ein halbes Jahr im Nachhinein.

Lösung 64

Aufgabe 65

Zum 31. 12. 20.. sind noch folgende Vorabschlussbuchungen durchzuführen. Bilden Sie die Buchungssätze:

1. Am 01. 09. 20.. wurde die Kfz-Steuer in Höhe von 900,00 € für ein Jahr im Voraus überwiesen.
2. Die Vierteljahreszinsen (November, Dezember, Januar) in Höhe von 150,00 € für eine Festgeldanlage werden uns von der Bank vertragsgemäß am 31. 01. 20.. gutgeschrieben.
3. Unser Vertreter hatte im Dezember einen Verkehrsunfall. Die Schadenshöhe wird auf ca. 4.000,00 € geschätzt. Es besteht keine Vollkaskoversicherung.
4. Für die Zeit vom 01. 10. bis 30. 04. 20.. haben wir ein Betriebsgrundstück für Lagerzwecke vermietet. Die Miete in Höhe von 749,70 € einschließlich 19% USt. wurde bereits im Oktober überwiesen.
5. Für einen laufenden Prozess rechnen wir mit Kosten in Höhe von 1.500,00 €.

Lösung 65

3 Jahresabschluss und Auswertung

3.1 Geschäftsgang: Von der Eröffnung zum Jahresabschluss

Aufgabe 66

Bearbeiten Sie nachstehenden Geschäftsgang für das Unternehmen Thomas Esche, Augsburg

Inhaber:	Thomas Esche
Rechtsform:	Einzelunternehmen, e. Kfm.
Anschrift (Firmensitz):	Industriestraße 20a 86155 Augsburg
Handelsregister:	Registergericht Augsburg HRA 7315
Steuernummer:	8134/464/75376
USt-Identitätsnummer:	DE 224867539
Mitarbeiterzahl:	72 (16 Angestellte, 56 Arbeiter)
Zweck des Unternehmens:	Herstellung von Holzhäusern Holzgartenhäusern und -türen Wintergärten Holzzäunen usw.
Geschäftsjahr:	1. Januar bis 31. Dezember
Rohstoffe:	Profilbretter Balkenholz Leimholz Blockhaus- und Rundprofil Rauspund usw.
Fremdbauteile:	Tür- und Fensterschlösser Türschließanlagen Jalousien Sonnenblenden Regenrinnen
Hilfsstoffe:	Schrauben Beschläge Lacke Lasuren usw.
Betriebsstoffe:	Strom Gas Wasser Schmierstoffe ...
Handelswaren:	Metallgerätehäuser Außenleuchten Gerätehalter Partyzelte
Bankverbindung:	Lechbank Augsburg BLZ 723 607 00 Kontonummer 380702456
IBAN	DE72723607000380702456
BIC	LEBADEFF

1. Schritt: Eröffnung der Buchführung zum 01. Januar 20..

Zu Beginn eines Geschäftsjahres liegen bei der Firma Esche folgende Anfangsbestände vor:

Aktiva		Eröffnungsbilanz	Passiva
0500 UGR	800.000,00	3000 EK	3.376.756,50
0510 BGR	1.813.880,00	3680 PWB	7.000,00
0530 BVG	2.940.000,00	3900 SORST	5.000,00
0700 MA	990.000,00	4200 KBKV	582.000,00
0840 FP	261.120,00	4250 LBKV	4.070.000,00
0860 BM	470.000,00	4400 VE	702.715,50
0870 BA	280.000,00	4800 UST	119.937,50
2000 R	240.000,00	4890 SOVE	9.000,00
2010 F	70.000,00		
2020 H	75.000,00		
2030 B	45.000,00		
2100 UFE	30.000,00		
2200 FE	100.000,00		
2280 HW	48.000,00		
2400 FO	285.600,00		
2470 ZWFO	22.372,00		
2600 VORST	62.937,50		
2800 BK	307.000,00		
2880 KA	19.500,00		
2900 ARA	12.000,00		
	8.872.409,50		8.872.409,50

Kontenplan:

0500 UGR	2000 R	3000 EK	4200 KBKV	5000 UEFE	6000 AWR	7000 GWST
0510 BGR	2010 F	3001 P	4250 LBKV	5001 EBFE	6002 NR	7510 ZAW
0530 BVG	2020 H	3670 EWB	4400 VE	5100 UEHW	6010 AWF	
0700 MA	2030 B	3680 PWB	4800 UST	5200 BV	6020 AWH	
0840 FP	2100 UFE	3900 SORST	4830 VFA	5410 EAAV	6030 AWB	
0860 BM	2200 FE		4840 VSV	5460 EAVG	6080 AWHW	
0870 BA	2280 HW		4890 SOVE	5495 EFO	6200 L	
0895 SP	2400 FO				6400 AGASV	
	2470 ZWFO				6420 BBG	
	2600 VORST				6520 ABSA	
	2800 BK				6545 ABSP	
	2880 KA				6700 AWMP	
	2900 ARA				6710 LS	
					6730 GEB	
					6800 BMK	
					6810 ZFL	
					6900 VBEI	
					6950 ABFO	
					6990 PFAW	

Wie heißt allgemein der Buchungssatz zur Eröffnung der Aktivkonten und der Passivkonten?

2. Schritt: Laufende Buchungen

2.1 Von einem Lieferer erhielten wir folgenden Beleg:

HANSGRÜNBECK
SÄGE- UND HOBELWERK

Nelkenstraße 47–52 • 85053 Ingolstadt
Telefon: 0841 123657 • Telefax: 0841 123658
E-Mail: info@saege-gruenbeck.xyz

HANSGRÜNBECK • Nelkenstraße 47–52 • 85053 Ingolstadt

Firma
Holzbau Thomas Esche
Industriestraße 20a
86155 Augsburg

RECHNUNG

Rechnungsnummer:	8976
Kundennummer:	235
Datum:	28. Februar 20..
Lieferdatum:	26. Februar 20..
Bestellung:	14. Februar 20..

Wir lieferten Ihnen frei Werk Augsburg:

ART.-NR.	MENGE	BEZEICHNUNG	EINZELPREIS IN EUR	GESAMTPREIS IN EUR
11	100 cbm	Profilholz Fichte	500,00	50.000,00
			– 20% Rabatt	10.000,00
			Warenwert, netto	40.000,00
			+ 19% Umsatzsteuer	7.600,00
			Rechnungsbetrag	**47.600,00**

Zahlungsbedingungen: 10 Tage 3% Skonto bzw. bis 29. April 20.. rein netto.
Die Ware bleibt bis zur vollständigen Zahlung Eigentum des Lieferanten.
Bankverbindung: Bayernbank Ingolstadt • BLZ 750 230 56 • Kontonummer: 345890
Hans Grünbeck, e. Kfm. • Amtsgericht Ingolstadt HRA 12146
USt-IdNr. DE185085944 • Steuer-Nr. 9063/12315285

2.2	Banküberweisung der Stromrechnung, brutto	2.142,00 €
2.3	Zielverkauf von zehn Gartenhäuschen an Fa. Gartencenter Flora, Nürnberg, netto	48.000,00 €
2.4	Banklastschrift:	
	– Müllabfuhrgebühren, brutto	928,20 €
	– Kopierpapier, brutto	618,80 €
	– Leasinggebühren für Betriebs-Lkw, brutto	1.428,00 €

2.5 Aus der Personalabteilung liegt folgender Computerausdruck vor (Auszug):

Personalaufwand	(EUR)	Summen (EUR)
Bruttolöhne		121.080,00
Lohnsteuer/Solidaritätszuschlag	22.366,00	
Kirchensteuer	1.696,00	
	24.062,00	– 24.062,00
Arbeitnehmeranteil zur SV	25.184,65	– 25.184,65
auszuzahlender Betrag per Banküberweisung		71.833,35
Arbeitgeberanteil zur SV		24.094,95

2.6 Der Kunde (siehe Nr. 2.3) begleicht die Rechnung durch Banküberweisung unter Abzug von 3% Skonto.

2.7 Aus dem Staatsanzeiger entnehmen wir folgende Mitteilung:

> Geschäftszeichen:
> 16 IN 346/03
>
> Über das Vermögen der Firma Eisenmann, Kurfürstenring 10, 87600 Kaufbeuren, wurde am 04. Februar 20.. das Insolvenzverfahren eröffnet.
>
> Insolvenzverwalter ist Rechtsanwalt Thomas Weber.

Unsere Forderung dieser Firma gegenüber beläuft sich auf 5.950,00 €.

2.8 Zielverkauf von drei Holzfertighäusern, Typ „Meran", an die Wohnungsbaugesellschaft Frühling, Mühlstadt, netto 504.000,00 €

2.9 Eingangsrechnung (Fa. Lack- und Farbenbedarf Fichte, Holzheim) für Lieferung von Naturfarben und Flüssigwachs,
netto 5.000,00 €
abzüglich 10% Rabatt ?????

2.10 Nach Auskunft des Insolvenzverwalters ist das Insolvenzverfahren beim Kunden Eisenmann (siehe Nr. 2.7) abgeschlossen. Die Insolvenzquote von 20% geht auf dem Bankkonto ein.

2.11 Die Firma Esche unterliegt in einem Rechtsstreit mit einem Lieferer. Die Kosten des Verfahrens betragen netto 6.300,00 €. Dafür wurde im Vorjahr eine Rückstellung von 5.000,00 € gebildet. Die Kostenerstattung erfolgt per Bank.

2.12 Zielverkauf von dreißig Partyzelten an Zeltverleih Blau, netto 63.000,00 €

2.13 Die Bank legt uns nachstehenden Kontoauszug vor:

Kontonummer 380702456	Auszug 37	Blatt 1	Umsätze Wert	Belastung	Gutschrift
Buchungstag	Wir haben für Sie gebucht:				
02. 11. 20..	Garagenmiete		02. 11. 20..	856,80 €	
02. 11. 20..	Berufsgenossenschaft		02. 11. 20..	1.235,00 €	
02. 11. 20..	Gewerbesteuer		02. 11. 20..	2.400,00 €	
02. 11. 20..	Einbruch-/Diebstahlversicherung		02. 11. 20..	650,00 €	
02. 11. 20..	Abonnement		02. 11. 20..	53,50 €	
	Alter Kontostand		31. 10. 20..		28.348,00 €
	Neuer Kontostand		02. 11. 20..		23.152,70 €
Firma Thomas Esche • 86155 Augsburg			IBAN DE72723607000380702456 BIC LEBADEFF		

2.14 Banküberweisung an den Holzlieferanten Grünbeck (siehe Nr. 2.1),
Rechnungsbetrag 47.600,00 €
abzüglich 3% Skonto

2.15 Kauf von Regenrinnen auf Ziel (Fa. Metallhandel Otto, Würzburg), netto 2.500,00 €

2.16 Aus einer Erbschaft zahlt Thomas Esche 30.000,00 € auf das betriebliche Bankkonto ein.

2.17 Verkauf eines gebrauchten Pkw-Kombi für brutto 10.115,00 € gegen Banküberweisung, Buchwert 8.000,00 €

2.18 30 Gartenleuchten werden zum Stückpreis, netto 250,00 € an den Baumarkt Frisch, Regensburg, auf Ziel verkauft

2.19 Wider Erwarten geht eine bereits vollständig abgeschriebene Forderung auf das Bankkonto ein 10.710,00 €

2.20 Beleg:

BÜROEINRICHTUNGSHAUS
THOMAS FÜRTIG

FÜRTIG

Isarring 12 • 80805 München
Telefon: 089 250-0 • Telefax: 089 250-40
E-Mail: Buero-Fuertig@t-online.xyz

THOMAS FÜRTIG • Isarring 12 • 80805 München

Firma
Thomas Esche
Industriestraße 20a
86155 Augsburg

RECHNUNG	
Rechnungsnummer:	203405
Datum:	05. März 20..
Lieferdatum:	05. März 20..

Laminiergerät „Profi-Laminator"	200,00 Euro
Gesamtbetrag, netto	200,00 Euro
+ 19% Umsatzsteuer	38,00 Euro
Rechnungsbetrag	238,00 Euro

Zahlbar ohne Abzug bis 20. April 20..
Bankverbindung: Isarbank München • BLZ 710 100 20 • Kontonummer: 678907
Inhaber: Thomas Fürtig e. Kfm. • HRA München
USt-IdNr. DE320365210 • Steuer-Nr. 9234/123/23489

2.21 Banküberweisung der Einkommensteuervorauszahlung 2.320,00 €

3. Schritt: Abschlussbuchungen (vorbereitende Abschlussbuchungen und Hauptabschlussbuchungen)

Abschlussangaben:

1. Abschreibungen auf Sachanlagen

1.1 Konto 0530 BVG AfA 2% von den Anschaffungskosten 3.000.000,00 €
1.2 Konto 0700 MA AfA lt. Anlagenkartei 99.000,00 €
1.3 Konto 0840 FP AfA lt. nachstehender Anlagenkartei

Auszug aus der Anlagenkartei 0840 FP				
Kfz-Kennzeichen	**Anschaffungs-kosten**	**Buchwert 01. 01.**	**Abgänge**	**AfA**
A – H 240	48.000,00 €	8.000,00 €	8.000,00 €	----------------
A – C 770	150.000,00 €	120.000,00 €		10%
A – D 875	180.000,00 €	92.160,00 €		18.432,00 €
A – U 303	100.000,00 €	40.960,00 €		8.192,00 €
		261.120,00 €		

1.4 Konto 0860 BM AfA lt. Anlagenkartei 54.000,00 €
1.5 Konto 0870 BA AfA lt. Anlagenkartei 18.000,00 €
1.6 Konto 0895 SP AfA ?????%

2. Inventurbestände

2.1 Konto 2000 R 260.000,00 €
2.2 Konto 2010 F 71.000,00 €
2.3 Konto 2020 H 73.000,00 €
2.4 Konto 2030 B 42.000,00 €
2.5 Konto 2100 UFE 25.000,00 €
2.6 Konto 2200 FE 125.000,00 €
2.7 Konto 2280 HW 46.000,00 €

3. Forderungsbewertung

3.1 Zum Jahresabschluss sind die beiden zweifelhaften Forderungen wie folgt zu bewerten:

Kunde	ZWF, brutto	USt.	geschätzter Ausfall	ZWF, netto
B. Hasemann	14.280,00 €	2.280,00 €	50%	12.000,00 €
H. Hintermeier	8.092,00 €	1.292,00 €	80%	6.800,00 €

3.2 Die Pauschalbewertung ist auf 1% der einwandfreien Forderungen festzusetzen.

4. Zeitliche Abgrenzung

4.1 Die Leasinggebühren (siehe Nr. 2.4 der lfd. Buchungen) beziehen sich auf den Zeitraum von Dezember bis einschließlich Februar des neuen Jahres.

4.2 Die Darlehenszinsen für den Zeitraum Oktober 20.. bis März 20.. werden nachträglich am 1. April 20.. gezahlt, 2.300,00 €.

5. Abschluss aller Unterkonten mit Buchungssätzen

Die aus Gründen der Übersichtlichkeit während des Geschäftsjahres geführten Unterkonten sind über die Hauptkonten abzuschließen.

6. Abschluss der Erfolgs- und Bestandskonten

Zur Überprüfung und Eigenkontrolle Ihrer Buchungsarbeiten finden Sie nachstehend sämtliche Salden auf dem Konto Gewinn und Verlust bzw. dem Schlussbilanzkonto.

Soll — 8020 Gewinn- und Verlustkonto — Haben

Soll		Haben	
6000 AWR	18.800,00	5000 UEFE	550.560,00
6010 AWF	1.500,00	5100 UEHW	70.500,00
6020 AWH	6.500,00	5200 BV	20.000,00
6030 AWB	4.800,00	5460 EAVG	500,00
6080 AWHW	2.000,00	5495 EFO	9.000,00
6200 L	121.080,00		
6400 AGASV	24.094,95		
6420 BBG	1.235,00		
6520 ABSA	272.624,00		
6545 ABSP	40,00		
6700 AWMP	720,00		
6710 LS	400,00		
6730 GEB	780,00		
6800 BMK	520,00		
6810 ZFL	50,00		
6900 VBEI	650,00		
6950 ABFO	16.535,00		
6990 PFAW	1.300,00		
7000 GWST	2.400,00		
7510 ZAW	1.150,00		
3000 EK (Reingewinn)	173.381,05		
	650.560,00		650.560,00

Soll	8010 Schlussbilanzkonto		Haben
0500 UGR	800.000,00	3000 EK	3.577.817,55
0510 BGR	1.813.880,00	3670 EWB	11.440,00
0530 BVG	2.880.000,00	3680 PWB	8.095,00
0700 MA	891.000,00	4200 KBKV	582.000,00
0840 FP	211.496,00	4250 LBKV	4.070.000,00
0860 BM	416.000,00	4400 VE	711.283,50
0870 BA	262.000,00	4800 UST	240.503,90
0895 SP	160,00	4830 VFA	24.062,00
2000 R	260.000,00	4840 VSV	49.279,60
2010 F	71.000,00	4890 SOVE	10.150,00
2020 H	73.000,00		
2030 B	42.000,00		
2100 UFE	25.000,00		
2200 FE	125.000,00		
2280 HW	46.000,00		
2400 FO	963.305,00		
2470 ZWFO	22.372,00		
2600 VORST	73.831,80		
2800 BK	276.286,75		
2880 KA	19.500,00		
2900 ARA	12.800,00		
	9.284.631,55		9.284.631,55

7. Bearbeiten Sie:

7.1 Der Reingewinn betrug im Vorjahr 182.000,00 €. Warum hat sich die Gewinnsituation in diesem Jahr verschlechtert?

7.2 Vergleichen Sie das Eigenkapital am Anfang und am Ende des Geschäftsjahres und ermitteln Sie die Differenz.

Lösung 66

Lösung 66 (Fortsetzung)

Lösung 66 (Fortsetzung)

Lösung 66 (Fortsetzung)

Lösung 66 (Fortsetzung)

Lösung 66 (Fortsetzung)

S 0500 UGR H

S 0510 BGR H

S 0530 BVG H

S 0700 MA H

S 0840 FP H

S 0860 BM H

S 0870 BA H

S 0895 SP H

S 2000 R H

S 2010 F H

S 2020 H H

S 2030 B H

S 2100 UFE H

S 2200 FE H

S 2280 HW H

S 2400 FO H

S 2470 ZWFO H

S 2600 VORST H

Lösung 66 (Fortsetzung)

S 2800 BK H

S 2880 KA H

S 2900 ARA H

S 3000 EK H

S 3001 P H

S 3670 EWB H

S 3680 PWB H

S 3900 SORST H

S 4200 KBKV H

S 4250 LBKV H

S 4400 VE H

S 4800 UST H

S 4830 VFA H

S 4840 VSV H

S 4890 SOVE H

S 5000 UEFE H

S 5001 EBFE H

Lösung 66 (Fortsetzung)

S 5100 UEHW H

S 5200 BV H

S 5410 EAAV H

S 5460 EAVG H

S 5495 EFO H

S 6000 AWR H

S 6002 NR H

S 6010 AWF H

S 6020 AWH H

S 6030 AWB H

S 6080 AWHW H

S 6200 L H

S 6400 AGASV H

S 6420 BBG H

S 6520 ABSA H

S 6545 ABSP H

S 6700 AWMP H

S 6710 LS H

S 6730 GEB H

S 6800 BMK H

S 6810 ZFL H

S 6900 VBEI H

S 6950 ABFO H

S 6990 PFAW H

S 7000 GWST H

S 7510 ZAW H

Lösung 66 (Fortsetzung)

S 8020 GUV H

S 8010 SBK H

3.2 Betriebswirtschaftliche Auswertung des Jahresabschlusses

Aufgabe 67

Ergänzen Sie folgenden Lückentext:

1. Bei der Unternehmensanalyse wird der ????? eines Unternehmens ausgewertet.
2. ????? sind die Hilfsmittel der Unternehmensanalyse.
3. Ein wichtiges Instrument der Unternehmensanalyse sind Betriebsvergleiche. Man unterscheidet den ????? und den ?????.

Lösung 67

Ergänzen Sie folgenden Lückentext:

1. Bei der Unternehmensanalyse wird der ______________________ eines Unternehmens ausgewertet.

2. ______________________ sind die Hilfsmittel der Unternehmensanalyse.

3. Ein wichtiges Instrument der Unternehmensanalyse sind Betriebsvergleiche.

   Man unterscheidet den ______________________ und den ______________________

   ______________________.

Aufgabe 68

Unternehmensanalysen sind nicht nur von großer Bedeutung für den Betriebsinhaber und die Geschäftsleitung. Warum haben z. B. auch Lieferanten Interesse an der wirtschaftlichen Situation eines Unternehmens?

Lösung 68

____

____

____

Aufgabe 69

Holen Sie unter dem Suchbegriff „Unternehmensanalyse" einschlägige Informationen zu deren Bedeutung und Aufgaben aus dem Internet ein.

Lösung 69

____

____

____

____

3.2.1 Aufbereitung der Bilanz

Aufgabe 70

Bereiten Sie für die Firma Thomas Esche sowohl die Eröffnungs- als auch die Schlussbilanz auf (siehe Seite 82 und 87).

Lösung 70

Aufgabe 71

Fassen Sie die entsprechenden Bilanzposten zusammen und erstellen Sie eine aufbereitete Bilanz.

Aktiva	Bilanz zum 31. 12. 20..		Passiva
0500 UGR	300.000,00	3000 EK	3.210.000,00
0510 BGR	900.000,00	3670 EWB	4.000,00
0530 BVG	1.200.000,00	3680 PWB	15.000,00
0700 MA	600.000,00	3900 SORST	24.000,00
0840 FP	220.000,00	4250 LBKV	1.038.000,00
0860 BM	180.000,00	4400 VE	105.000,00
0870 BA	90.000,00	4800 UST	50.000,00
2000 R	240.000,00	4890 SOVE	12.000,00
2010 F	10.000,00	4900 PRA	17.000,00
2020 H	70.000,00		
2030 B	25.000,00		
2100 UFE	75.000,00		
2200 FE	280.000,00		
2280 HW	20.000,00		
2400 FO	120.000,00		
2470 ZWFO	12.000,00		
2600 VORST	30.000,00		
2800 BK	67.000,00		
2880 KA	15.000,00		
2900 ARA	21.000,00		
	4.475.000,00		4.475.000,00

Lösung 71

Aufgabe 72

Arbeit mit dem IKR:

1. Zeigen Sie die möglichen Konten der Kontengruppe 48 „Sonstige Verbindlichkeiten“ auf.
2. Ordnen Sie der entsprechenden Vermögensart zu:

Kontenart	Vermögensart
2470 ZWFO	?????
2880 KA	?????
2010 F	?????
0895 SP	?????

Lösung 72

3.2.2 Aufbereitung der Gewinn- und Verlustrechnung

Aufgabe 73

Bereiten Sie die Gewinn- und Verlustrechnung der Fa. Thomas Esche (Seite 86) auf (Darstellung in Konten- und Staffelform).

Lösung 73

Aufgabe 74

Die Firma Gebhard, Nürnberg, hat im Laufe eines Geschäftsjahres folgende Aufwendungen und Erträge zu verzeichnen:

Aufwendungen		Erträge	
Materialaufwand	289.756,00 €	Umsatzerlöse	989.784,00 €
Personalaufwand	573.248,00 €	Bestandserhöhungen	60.460,00 €
Abschreibungen auf Anlagen	47.280,00 €	Sonstige betriebliche Erträge	42.392,00 €
Sonstige betriebliche Aufwendungen	18.438,00 €	Zinsen und ähnliche Erträge	67.218,00 €
Steuern	10.185,00 €		

Erstellen Sie die Gewinn- und Verlustrechnung in Konto- und Staffelform und ermitteln Sie jeweils den Jahresüberschuss bzw. Jahresfehlbetrag.

Lösung 74

Lösung 74 (Fortsetzung)

3.2.3 Berechnung und Beurteilung betriebswirtschaftlicher Kennzahlen der Bilanz

3.2.3.1 Finanzierung (Kapitalstruktur, Kapitalaufbau)

Aufgabe 75

Berechnen und beurteilen Sie die Finanzierung im Unternehmen Thomas Esche (siehe Seite 87).

Lösung 75

Aufgabe 76

Aus den Jahresabschlüssen zum 31. 12. 2010 und 31. 12. 2011 eines Unternehmens sind u. a. folgende Werte bekannt:

	2010	**2011**
Eigenkapital	387.200,00 €	410.800,00 €
Fremdkapital	693.500,00 €	665.300,00 €

Ermitteln und beurteilen Sie die Finanzierung mit Eigenkapital jeweils für die beiden Jahre.

Lösung 76

Aufgabe 77

Die Passivseite einer nicht aufbereiteten Bilanz enthält folgende Eintragungen:

Eigenkapital	51.000.000,00 €
Einzelwertberichtigung	50.000,00 €
Pauschalwertberichtigung	450.000,00 €
Langfristige Bankverbindlichkeiten	8.000.000,00 €
Kurzfristige Bankverbindlichkeiten	6.500.000,00 €
Verbindlichkeiten aus Lieferungen und Leistungen	8.300.000,00 €
Sonstige Verbindlichkeiten	2.700.000,00 €
Passive Rechnungsabgrenzung	150.000,00 €

1. Berechnen Sie das Gesamtkapital und den Eigenkapitalanteil der Finanzierung.
2. Zeigen Sie zwei Gründe auf, die zu einer Verbesserung der Finanzierung gegenüber dem Vorjahr (59,4%) geführt haben.

Lösung 77

Lösung 77 (Fortsetzung)

Aufgabe 78

Ein Hersteller von Elektrogeräten möchte an einem anderen Standort einen Zweigbetrieb eröffnen. Für den Erwerb eines Gebäudes sind 500.000,00 € erforderlich. Der Fuhrpark kostet 50.000,00 €, für die Beschaffung der Maschinen sind 200.000,00 € vorgesehen. Zur Finanzierung dient einmal die Einbringung von Eigenmitteln in Höhe von 90.000,00 €. Der Rest soll mit einem langfristigen Bankkredit finanziert werden. Wie verändert sich die Kennzahl der Finanzierung, wenn folgende Bilanz des letzten Jahres vorliegt?

Aktiva	Bilanz (in 1.000 €)		Passiva
Anlagevermögen		Eigenkapital	1.080
Bebaute Grundstücke	1.100	Fremdkapital	
Maschinen und Anlagen	450	langfr. Bankverbindlichkeiten	1.120
Fuhrpark	120	kurzfr. Bankverbindlichkeiten	130
Umlaufvermögen		Verbindlichkeiten aus L. u. L.	70
Vorräte	580		
Forderungen aus L. u. L.	120		
Bank	25		
Kasse	5		
	2.400		2.400

Lösung 78

Lösung 78 (Fortsetzung)

Aufgabe 79

Welche der folgenden Antworten ist richtig?
Kreuzen Sie die jeweils richtige Antwort an.

1. Unter Finanzierung versteht man das Verhältnis von Anlagevermögen zum Gesamtkapital eines Unternehmens. [?]
2. Eigenkapital ist das Kapital, das für die Verbindlichkeiten gegenüber den Gläubigern des Unternehmens haftet. [?]
3. Bei der Berechnung der Kennziffer Finanzierung sind beide Seiten der Bilanz betroffen. [?]
4. Das Eigenkapital steht dem Unternehmen dauerhaft zur Verfügung. [?]
5. Finanzierung bedeutet Erschließung geeigneter Kapitalquellen. [?]

Lösung 79

Aufgabe 80

Unternehmen benötigen Kapital, um arbeiten zu können. Zeigen Sie **drei** Möglichkeiten der Kapitalbeschaffung (Eigenkapital wie Fremdkapital) auf.

Lösung 80

3.2.3.2 Einzugsliquidität (Zahlungsbereitschaft)

Aufgabe 81

Für das Unternehmen Thomas Esche ist die Einzugsliquidität zu berechnen und zu beurteilen (siehe Seite 87).

Lösung 81

Aufgabe 82

Ein Unternehmen legte jeweils zum Ende des Geschäftsjahres folgende Schlussbilanzen vor:

Aktiva — Bilanz — Passiva

Aktiva	2010	2011	Passiva	2010	2011
0510 BGR	150.000,00	180.000,00	3000 EK	940.000,00	1.042.700,00
0530 BVG	380.000,00	421.500,00	3900 SORST	1.900,00	1.500,00
0700 MA	190.000,00	210.000,00	4250 LBKV	220.000,00	240.000,00
0840 FP	124.000,00	105.000,00	4400 VE	229.000,00	222.500,00
0860 BM	60.000,00	75.000,00	4800 UST	15.700,00	17.600,00
0870 BA	17.000,00	15.000,00	4830 VFA	18.600,00	17.500,00
2000 R	65.000,00	69.500,00	4840 VSV	14.800,00	15.200,00
2010 F	8.400,00	10.000,00			
2020 H	2.600,00	3.000,00			
2030 B	4.800,00	5.900,00			
2200 FE	91.000,00	93.000,00			
2400 FO	89.200,00	93.100,00			
2600 VORST	4.600,00	5.500,00			
2800 BK	228.000,00	242.000,00			
2880 KA	23.000,00	26.000,00			
2900 ARA	2.400,00	2.500,00			
	1.440.000,00	1.557.000,00		1.440.000,00	1.557.000,00

Berechnen und beurteilen Sie die Einzugsliquidität des Unternehmens für beide Geschäftsjahre (Gruppenarbeit empfohlen).

Lösung 82

Aufgabe 83

Gegeben sind die Salden folgender Konten:

2800 BK	55.000,00 €
2880 KA	23.500,00 €
2400 FO	207.000,00 €

Die Einzugsliquidität beträgt 81,4%.

1. Wie hoch sind die kurzfristigen Verbindlichkeiten?
2. Beurteilen Sie die Einzugsliquidität.

Lösung 83

Lösung 83 (Fortsetzung)

Aufgabe 84

Ordnen Sie richtig zu.

Lösung 84

	flüssige Mittel	Forderungen	kurzfr. Verbindlichk.
Wertpapiere d. Umlaufverm.			
Sonst. Verbindl. g. Finanzamt			
Vorsteuer			
Langfr. Bankverbindlichkeiten			
Bankguthaben			
Sonstige Rückstellungen			
Aktive Rechnungsabgrenzung			
Verbindlichkeiten a. L. u. L.			
Passive Rechnungsabgrenzung			

3.2.4 Berechnung und Beurteilung betriebswirtschaftlicher Kennzahlen der Erfolgsrechnung

3.2.4.1 Eigenkapitalrentabilität (Eigenkapitalrendite)

Aufgabe 85

Ermitteln und beurteilen Sie die Eigenkapitalrentabilität für die Firma Thomas Esche (siehe Seite 82 bzw. 86).

Lösung 85

Aufgabe 86

In einer Motorenfabrik ergeben sich beim Jahresabschluss folgende Zahlen:

Erträge	1.850.000,00 €
Aufwendungen	1.670.000,00 €
Eigenkapital	5.200.000,00 €

Die Privatentnahmen betrugen 70.000,00 €, die Privateinlagen 10.000,00 €.

1. Wie hat sich das im Unternehmen eingesetzte Kapital verzinst?
2. Bewerten Sie die Verzinsung des Eigenkapitals auch im Hinblick auf das Vorjahresergebnis von 8,85%.
3. Wie könnte die Eigenkapitalrentabilität verbessert werden?

Lösung 86

Lösung 86 (Fortsetzung)

Aufgabe 87

Die Buchhaltung einer Fertigungsfirma legt nachstehende Zahlen vor:

Konto 3000 (Anfangsbestand)	170.000,00 €
Konten 6000–7510	94.000,00 €

Die Rentabilität des Eigenkapitals beträgt 6,8%.

Ermitteln Sie die Summe der Erträge (Konten 5000–5784).

Lösung 87

Aufgabe 88

Ein Fruchtsaftgetränkehersteller gründet zwei weitere, voneinander unabhängige Niederlassungen, die nach einem Jahr folgende Zahlenwerte aufweisen:

Ergebnisse der Buchhaltung	Niederlassung A	Niederlassung B
Erträge Aufwendungen	400.000,00 € 200.000,00 €	900.000,00 € 700.000,00 €
Jahresüberschuss Eigenkapital	200.000,00 € 1.200.000,00 €	200.000,00 € 1.500.000,00 €

Berechnen Sie die jeweilige Eigenkapitalrentabilität der beiden Betriebe und interpretieren Sie das Ergebnis.

Lösung 88

Aufgabe 89

2-mal richtig – 2-mal falsch

Kreuzen Sie in der folgenden Tabelle bei jeder Aussage an, ob sie richtig oder falsch ist.

Lösung 89

Aussage	richtig	falsch
1. Eigenkapital wird im Betrieb investiert und daher nicht verzinst.		
2. Bei der Ermittlung der Kennziffer „EK-Rentabilität“ wird immer das Schlusskapital zugrunde gelegt.		
3. Der Gewinn entspricht dem Unternehmerlohn.		
4. Die Berechnung und Auswertung der EK-Rentabilität gehört zur Erfolgsanalyse in einem Unternehmen.		

3.2.4.2 Umsatzrentabilität

Aufgabe 90

Für die Unternehmung Thomas Esche (siehe Seite 86) ist die Umsatzrentabilität zu errechnen. Wie ist eine derart hohe Kennziffer zu erklären?

Lösung 90

Aufgabe 91

Es liegt die Gewinn- und Verlustrechnung einer Maschinenfabrik in tabellarischer Form jeweils für die Jahre 2010 und 2011 vor:

Konto	2010 T€	2011 T€
5000 UEFE	1.100	1.210
5100 UEHW	340	385
5200 BV (Bestandserhöhung)	120	140
5400 EMP	17	19
5410 EAAV	8	10
5430 ASBE	22	24
5710 ZE	10	13
6000–6030 AW für Stoffe	410	465
6080 AWHW	180	220
6200/6300 L/G	610	645
6520 ABSA	170	195
70 Betriebl. Steuern	86	95
7510 ZAW	32	26

1. Ermitteln Sie für die Jahre 2010 und 2011 die Umsatzrentabilität.
2. Begründen Sie die Veränderung.

Lösung 91

Aufgabe 92

Der Umsatz an Fertigerzeugnissen beträgt 5.780.000,00 €. Die Umsatzrentabilität beläuft sich auf 3,29%. Wie groß sind die Umsatzerlöse für Handelswaren, wenn der Jahresüberschuss 218.785,00 € ausmacht?

Lösung 92

Lösung 92 (Fortsetzung)

Aufgabe 93

Die nachfolgende Statistik zeigt die Ertragslage der Metall- und Elektroindustrie in Oberbayern für die Jahre 2009 und 2010.

1. Erstellen Sie mit dem PC ein Säulendiagramm.
2. Beurteilen Sie die Ertragslage in der M+E Industrie:

Nettoumsatzrendite Oberbayern

	Verluste	0% bis 1%	1% bis 2%	2% bis 3%	3% bis 4%	über 4%
Nettoumsatzrendite 2009 Oberbayern	7,3%	23,6%	7,3%	12,7%	9,1%	40,0%
Nettoumsatzrendite 2010 Oberbayern	15,5%	50,4%	0,0%	8,3%	1,8%	24,0%

Quelle: BayME/VBM Juli 2010

Hinweis:

Der Bayerische Unternehmensverband Metall und Elektro e. V. (BayME) und der Verband der Bayerischen Metall- und Elektroindustrie e. V. (VBM) sind die Arbeitgeberverbände der Metall- und Elektroindustrie für Unternehmen mit Sitz oder Niederlassung in Bayern. BayME umfasst alle Unternehmen, unabhängig von der Tarifbindung. Der VBM tritt zusätzlich als Tarifpartner auf.

Lösung 93

Lösung 93 (Fortsetzung)

3.2.5 Auswertung und Vergleich verschiedener Jahresabschlüsse

Aufgabe 94

Verschaffen Sie sich den veröffentlichten Jahresabschluss und Geschäftsbericht einer Ihnen bekannten Aktiengesellschaft (z. B. über eine Bank oder über den Wirtschaftsteil einer überregionalen Tageszeitung, evtl. auch über das Internet) und untersuchen Sie diesen mithilfe der vier Kennzahlen:

- Finanzierung
- Einzugsliquidität
- EK-Rentabilität
- Umsatzrendite.

Vielleicht finden Sie für die Analyse auch ein Unternehmen im Bereich Ihrer Heimatgemeinde.

Lösung 94

Lösung 94 (Fortsetzung)

Aufgabe 95

Anzeige in einer großen Tageszeitung:

Metallbau Süd-West AG Stuttgart

Zusammengefasste Bilanz zum 31. 12. 2011

AKTIVA	T€	Vorjahr T€	PASSIVA	T€	Vorjahr T€
Sachanlagen	3.850	3.595	Eigenkapital	2.227	2.117
Vorräte	264	279	langfr. Rückstellungen	964	960
Forderungen aus L. u. L.	906	870	langfr. Bankverbindlichk.	1.180	1.155
Flüssige Mittel	131	270	kurzfr. Rückstellungen	76	83
Rechnungsabgrenzungsp.	91	82	Verbindlichkeiten aus L. u. L.	670	663
			Rechnungsabgrenzungsp.	125	118
	5.242	5.096		5.242	5.096

Zusammengefasste Gewinn- und Verlustrechnung vom 1. 1.–31. 12. 2011

	T€	Vorjahr T€
Umsatzerlöse	7.904	7.078
Bestandsveränderungen	+ 439	+ 383
Materialeinsatz	3.285	2.732
Personalaufwand	1.506	1.489
Abschreibungen auf Anlagen	637	605
Sonstige betriebl. Aufwendungen	2.329	2.099
Sonstige betriebliche Erträge	112	103
Zinserträge	102	143
Steuern	582	556
Jahresüberschuss	218	226

1. Ermitteln und vergleichen Sie (in Gruppenarbeit) jeweils für beide Jahre die Kennziffern der Finanzierung, der Einzugsliquidität sowie der Eigenkapitalrentabilität.
2. Warum hatte die Firma im Vorjahr eine so hohe Liquidität?
3. Wie beurteilen Sie die Eigenkapitalrentabilität des Jahres 2011 im Vergleich zu anderen Anlageformen?

Lösung 95

Aufgabe 96

Erstellen Sie aus folgenden Angaben (Schlussbestände) eine aufbereitete Bilanz: Grundstücke und Bauten 1.400.000,00 €, Maschinen und Anlagen 500.000,00 €, Fuhrpark 250.000,00 €, Büromaschinen 110.000,00 €, Rohstoffe 200.000,00 €, Fremdbauteile 10.000,00 €, Hilfs- und Betriebsstoffe 25.000,00 €, Unfertige Erzeugnisse 70.000,00 €, Fertige Erzeugnisse 180.000,00 €, Handelswaren 15.000,00 €, Forderungen aus Lieferungen und Leistungen 240.000,00 €, Bankguthaben 125.000,00 €, Kasse 65.000,00 €, Langfristige Bankverbindlichkeiten 1.200.000,00 €, Verbindlichkeiten aus Lieferungen und Leistungen 350.000,00 €.

Der Jahresüberschuss beläuft sich auf 89.000,00 €.

1. Ermitteln und beurteilen Sie die Kennziffern der Finanzierung (EK-Anteil), der Liquidität (Einzugsliquidität) sowie der Eigenkapitalrentabilität.
2. Vergleichen Sie auch die berechnete Einzugsliquidität mit der Kennziffer der Branche, die bei 82% liegt.

Lösung 96

Lösung 96 (Fortsetzung)

Aufgabe 97

Ein Fertigungsunternehmen hat zum Jahresabschluss folgende Werte berechnet:

Eigenkapital	1.073.000,00 €
Fremdkapital	587.300,00 €
Aufwendungen	257.000,00 €
Erträge	132.600,00 €

1. Berechnen Sie die Kennzahl der Eigenkapitalrentabilität.
2. Zum Bilanzstichtag wurde eine Einzugsliquidität von 47,2% berechnet. Interpretieren Sie diese Kennzahl.
3. Zeigen Sie zwei Vorteile eines hohen Eigenkapitals auf.

Lösung 97

Aufgabe 98

Ein Industrieunternehmen hat für die Jahre 2009, 2010 und 2011 folgende Zahlen ermittelt (entnommen aus der Schlussbilanz bzw. der Gewinn- und Verlustrechnung):

	2009	2010	2011
Eigenkapital	405.000,00 €	415.000,00 €	420.000,00 €
Fremdkapital	290.000,00 €	301.000,00 €	318.000,00 €
davon kurzfristig	87.000,00 €	86.000,00 €	110.000,00 €
Forderungen	65.000,00 €	72.000,00 €	77.000,00 €
flüssige Mittel	15.000,00 €	17.000,00 €	23.000,00 €
Jahresüberschuss	41.000,00 €	45.000,00 €	52.000,00 €

1. Berechnen Sie (in Gruppenarbeit):

1.1 die Eigenkapitalrentabilität,

1.2 die Finanzierung,

1.3 die Einzugsliquidität.

2. Deuten Sie die Entwicklung dieser Kennzahlen.

Lösung 98

Lösung 98 (Fortsetzung)

Aufgabe 99

In einem Fertigungsunternehmen (e. Kfm.) wurden zum Jahresabschluss u. a. folgende Zahlen ermittelt:

Konto Privat:	Soll	136.800,00 €	Konto GUV:	Aufwendungen	1.783.000,00 €
	Haben	102.000,00 €		Erträge	1.928.500,00 €
Konto EK:	Saldo	980.000,00 €	Gesamtkapital (Bilanzsumme):		3.230.000,00 €

1. Berechnen und beurteilen Sie die Rentabilität des Eigenkapitals.
2. Wie groß ist der Eigenkapital-Anteil in der Finanzierung?
3. Ermitteln Sie das Fremdkapital.
4. Zeigen Sie zwei Gründe für die Ermittlung von Kennzahlen aus der Bilanz und aus der Gewinn- und Verlustrechnung auf.
5. Bilden Sie den Buchungssatz:

5.1 für den Abschluss des Kontos Privat,

5.2 für den Abschluss des Kontos Gewinn und Verlust.

Lösung 99

Lösung 99 (Fortsetzung)

Aufgabe 100

Ein Unternehmer hat folgenden Geschäftsabschluss erstellt (in T€):

Aktiva	Bilanz zum 31. 12. 20..		Passiva
Grundstücke und Bauten	37.000	Eigenkapital	41.770
Techn. Anlagen u. Maschinen	11.000	Wertberichtigung	450
Vorräte	8.550	Rückstellungen	630
Forderungen aus L. u. L.	10.565	Langfristige Bankverbindlichkeiten	17.710
Vorsteuer	550	Verbindlichkeiten aus L. u. L.	8.380
Übrige sonstige Forderungen	725	Umsatzsteuer	1.640
Wertpapiere d. Umlaufvermög.	350	Übrige sonst. Verbindlichkeiten	540
Bank	2.450	Passive Rechnungsabgrenzung	350
Kasse	170		
Aktive Rechnungsabgrenzung	110		
	71.470		71.470

Aufwendungen	Gewinn- und Verlustrechnung		Erträge
Materialaufwand	57.800	Umsatzerlöse (FE)	96.990
Personalaufwand	29.300	Umsatzerlöse (HW)	550
Abschreibungen/Anlagen	2.760	Sonstige betriebl. Erträge	4.760
Sonst. betriebl. Aufwendungen	8.140		
Jahresüberschuss (Reingewinn)	4.300		
	102.300		102.300

1. Bereiten Sie die Schlussbilanz auf.
2. Die Bilanz und die Gewinn- und Verlustrechnung sind auszuwerten. Dabei sind folgende Kennzahlen zu ermitteln und zu beurteilen:

2.1 Finanzierung (EK- und FK-Anteil)

2.2 Einzugsliquidität

2.3 Eigenkapitalrentabilität

2.4 Umsatzrentabilität

Lösung 100

Lösung 100 (Fortsetzung)

Aufgabe 101

An welcher Kennziffer orientiert sich ein Kapitalanleger in besonderer Weise? Begründen Sie Ihre Meinung.

Lösung 101

Aufgabe 102

Wie kann z. B. eine Aktiengesellschaft den Eigenkapitalanteil an der Finanzierung verbessern?

Lösung 102

Aufgabe 103

Warum sollte die Eigenkapitalrentabilität höher liegen als der Zinssatz am Kapitalmarkt? Nennen Sie einen Grund.

Lösung 103

Aufgabe 104

Ein Unternehmen der Kunststoffindustrie veröffentlichte zum 31. 12. 20.. folgende aufbereitete Bilanz:

Aktiva — Bilanz zum 31. 12. 20.. (T€) — Passiva

Aktiva		Passiva	
Anlagevermögen	1.950	**Eigenkapital**	2.350
Umlaufvermögen		**Fremdkapital**	
Vorräte	1.360	langfristig	1.200
Forderungen	980	kurzfristig	870
Flüssige Mittel	130		
	4.420		4.420

Zusatzangaben:

Aufwendungen	890.000,00 €
Erträge	1.130.000,00 €

Folgende Kennziffern sind zu ermitteln und zu begutachten:

1. Eigenkapitalanteil an der Finanzierung
2. Eigenkapitalrentabilität
3. Einzugsliquidität. Im Branchendurchschnitt lag diese Kennziffer bei 85%.

Lösung 104

Lösung 104 (Fortsetzung)

3.2.6 Exkurs: Unternehmensphilosophie

Aufgabe 105

Nehmen Sie zu den drei nachstehenden Geschäftsberichten (A–C) wie folgt Stellung:

1. Worin besteht jeweils die „Unternehmensphilosophie" der drei Firmen?
2. Im Bericht B finden Sie folgenden Hinweis: „Der neue Offroader soll Umsatz und Absatz auf neue Höchstwerte bringen und den Gewinn weiter steigern. Bei der Umsatzrendite wird hingegen kein Zuwachs erwartet."
   Wie ist diese offensichtlich widersprüchliche Aussage zu erklären?
   Berechnen Sie die Umsatzrentabilität im Geschäftsjahr 20..
3. Welche Unternehmungsform liegt in den drei Geschäftsberichten jeweils vor? Woran ist dies zu erkennen?

A

Schmidt Ledermoden wird 60

Überleben in der Nische

Betrieb in dritter Generation: „Klasse statt Masse"

Weg von Massenartikeln, hin zu hochwertiger Leder- und Lammfellkleidung: Die Firma Schmidt Ledermoden hat ihre Marktnische gefunden. „Das wird honoriert. Uns geht es in einer schwierigen Zeit noch relativ gut", sagt Geschäftsführer Max Schmidt. Er leitet das Familienunternehmen mit Sitz in der Tulpenstraße in der dritten Generation. Jetzt feiert Schmidt Ledermoden 60. Geburtstag.

Ihren Anfang nimmt die Unternehmensgeschichte im früheren Sudetenland. Dort gründete Johann Schmidt vor 60 Jahren einen Einzelhandelsbetrieb für Rohfelle mit Kürschnerei. 1950 siedelte sich die Firma in Neustadt an.

Uwe Schmidt, Sohn des Firmengründers, spezialisierte sich dort von Anfang an darauf, selbst Leder- und Lammfellkleidung zu schneidern. Weitere fünf Jahre später ließ sich Ledermoden Schmidt in Karlstein nieder.

„Durch die besser erreichbare Lage in der Innenstadt konnten zahlreiche Neukunden gewonnen werden", sagt Geschäftsführer Max Schmidt. Die Kunden nehmen zum Teil lange Anfahrtswege in Kauf. Aus Würzburg, Frankfurt und München kommen sie. Auf drei Etagen warten rund 3000 Kleidungsstücke. Änderungen werden im hauseigenen Atelier durchgeführt. „Das Konzept zielt nicht auf Masse, sondern auf Klasse und persönlichen Service", so Max Schmidt. Er führt das Familienunternehmen, das mittlerweile 15 Mitarbeiter beschäftigt, seit 1988. Schmidt selbst ist gelernter Bankkaufmann. Zum 60. Firmenjubiläum führt das Geschäft eine Verlosungsaktion durch, außerdem wurden der örtliche Kindergarten und eine Jugendfreizeiteinrichtung mit einer ansehnlichen Geldspende tatkräftig unterstützt.

B

Der Crossover soll Autobauer zu neuen Höhen führen

Radhausen (apd.) – Mithilfe des neuen Geländewagens Crossover will der Sportwagenhersteller Racing-Car AG zu neuen Höhenflügen ansetzen. „Der Crossover verkörpert sicherlich die größte Herausforderung, der sich das Unternehmen in seiner Geschichte je zu stellen hatte", sagte Racing-Car-Vorstandschef Bleibtreu bei der Veröffentlichung des Jahresabschlusses. Der sportliche Offroader, der mit Beginn des neuen Monats auf den Markt kommt, soll Umsatz und Absatz auf neue Höchstwerte bringen und den Gewinn weiter steigern. Bei der Umsatzrendite wird hingegen kein Zuwachs erwartet.

In den ersten neun Monaten des Geschäftsjahres 20.. verzeichnete Racing-Car ein abgeschwächtes Wachstum. Bis einschließlich September erhöhte sich der Umsatz im Vergleich zum Vorjahreszeitraum nur um 2,9 Prozent auf 2,25 Milliarden Euro.

Der Absatz blieb etwa konstant bei 20 000 Fahrzeugen. Von dem in Radhausen produzierten Crossover werden 500 für die Händlereinführung verkauft. Es gebe mehr als 200 000 „heiße Interessenten" für das neue Auto.

Im abgelaufenen Geschäftsjahr 20.. steigerte Racing-Car den Umsatz um 10,2% auf 5,22 Milliarden Euro und den Jahresüberschuss um 65,4% auf 538 Millionen Euro. Die Zahl der Beschäftigten stieg in Deutschland auf 12 270.

C

Familienunternehmen Müller wächst gegen den Trend

Kundenorientierung ist das beste Erfolgsrezept

Hochberg (NAZ.) – Das Hochberger Familienunternehmen Müller kann sich erfolgreich gegen die flaue Auftragslage insbesondere im Neubaubereich stemmen.

Die Schreiner und Ladenbauer werden für das laufende Jahr mit einem „sensationellen Umsatzsprung" von 45 Prozent „auf grob fünf Millionen Euro" abschließen, freut sich Vorstandschef Hans Klein. Allerdings hatte das Jahr 20.. dem Betrieb beim Umsatz einen „harten Einbruch" beschert. Das Erfolgsrezept sieht Klein in einer konsequenten Kundenorientierung. Diesem Prinzip hätten die Kunden denn auch in den vergangenen 80 Jahren – über vier Generationen hinweg – mit „Treue gedankt". Außerdem halte man an einer eigenen Fertigung mit Mitarbeitern fest, die sich langfristig dem Unternehmen verbunden fühlten. Von den knapp 60 Beschäftigten arbeiten drei Viertel in der Produktion. Das sei zwar teuer, sichere aber Qualität und sorge für Pluspunkte beim Image vor Ort.

Müller hatte sich Mitte der 70er Jahre auf das Segment Treppenbau spezialisiert und präsentiert im eigenen Ausstellungsbereich individuelle Treppenlösungen in Holz. Hier könne man die hauseigene Stärke ausspielen. Zudem werden derzeit neue Designtreppen entwickelt und in der eigenen Fertigung realisiert. Ein Schwerpunkt sind moderne, freitragende Massivholztreppen, die schalloptimiert und statisch geprüft sind. Darüber hinaus habe man mit einer standardisierten und umweltverträglichen Lackiererei bayernweit Standards gesetzt. Früher, so Klein, bestanden 30 Liter Holzlack zu 60% aus Lösungsmitteln. Mit der neuen UV-Lackiererei habe man quasi den Lösungsmittelausstoß „gegen Null" gesetzt. Damit könne man bei umweltorientierten Kunden punkten.

Vor zwei Jahren hat Müller auf die verstärkten Kundennachfragen reagiert: Seitdem werden Innenausbaulösungen aus einer Hand angeboten. Dazu gehören auch Arbeiten aus den Bereichen Elektro, Heizung und Sanitär. Die Resonanz vom Markt bezeichnet Klein als „sehr zufriedenstellend". Dieses Segment glänze mit zweistelligen Zuwachsraten.

Lösung 105

3.2.7 Exkurs: Firmenwert

Aufgabe 106

Vergleichen wir das Eigenkapital einer Firma mit dem Wasserstand in einer Badewanne:

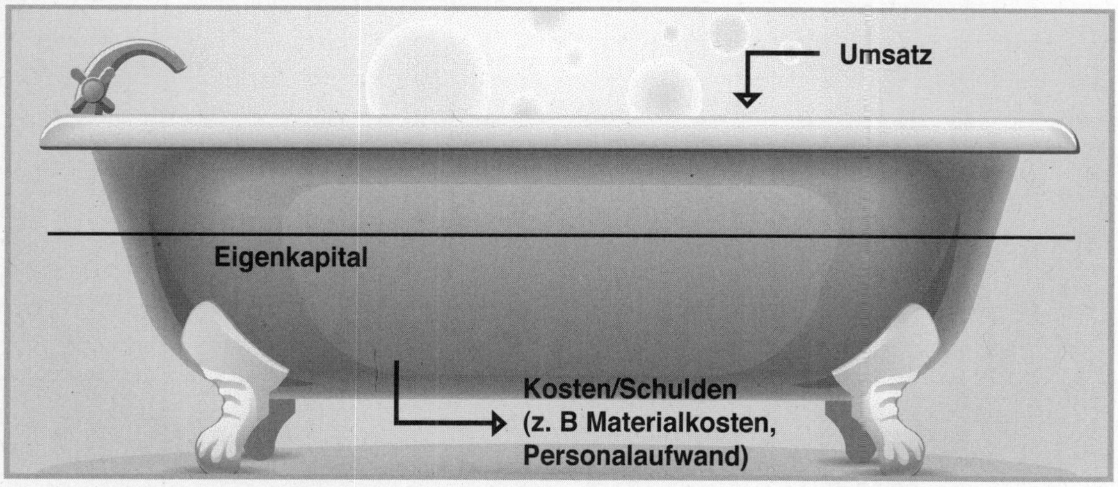

Das durch den Hahn einströmende Wasser ist der **Umsatz,** während das durch den Abfluss hinausfließende Wasser die **Kosten** (Schulden) darstellt.

Wann tritt in dieser Situation eine Erhöhung des Eigenkapitals ein?
Zeigen Sie die entsprechenden Möglichkeiten auf.

Lösung 106

Lösung 106 (Fortsetzung)

Aufgabe 107

Die Sätze, die in der linken Spalte beginnen, werden in der rechten Spalte fortgesetzt. Die rechte Spalte ist aber durcheinander geraten. Was gehört zusammen?

Umsatzwachstum und starke Ertragskraft sind die Voraussetzung für	A	1	zufriedenen und vertrauensvollen Kunden.
Ein gutes Betriebsklima schafft	B	2	hohe Gewinne und eine gute Basis für Investitionen.
Qualitativ hochwertige Produkte und Dienstleistungen führen zu	C	3	motivierte und fleißige Mitarbeiter.
Ein gutes Management und ein verkehrsgünstiger Standort	D	4	ist nach dem HGB nicht möglich.
Eine Bilanzierung des eigentlichen Firmenwertes	E	5	sind Beispiele für immaterielle Firmenfaktoren.

Lösung 107

4 Betriebsbuchführung in einem Fertigungsunternehmen

4.1 Verbindung von Geschäfts- und Betriebsbuchführung

4.1.1 Zusammenhang zwischen Geschäfts- und Betriebsbuchführung

Aufgabe 108

Ordnen Sie folgende Tätigkeiten jeweils dem Rechnungskreis I bzw. Rechnungskreis II zu:

1. Dokumentation aller Geschäftsfälle im Unternehmen.
2. Vergleich der Betriebsergebnisse verschiedener Niederlassungen.
3. Ermittlung der Kosten für ein Quartal.
4. Berechnung des Jahresüberschusses.
5. Abschluss des GuV-Kontos.
6. Vergleich der Summe der Leistungen über mehrere Geschäftsjahre.

Lösung 108

4.1.2 Aufgaben der Betriebsbuchführung

Aufgabe 109

Stellen Sie die falschen Aussagen richtig:

1. Die Kosten- und Leistungsrechnung ermittelt die Selbstkosten für ein Erzeugnis und ist damit eine wichtige Grundlage für die Berechnung des Verkaufspreises.
2. Die Betriebsbuchführung erfasst die gesamten Aufwendungen und Erträge eines Betriebes.
3. In der Geschäftsbuchführung erfolgt eine genaue Überwachung der Kosten und Leistungen.
4. Betriebsfremde Aufwendungen führen bei der Berechnung der Selbstkosten zu einem verfälschten Ergebnis.

Lösung 109

4.1.3 Erfolgswirtschaftliche Grundbegriffe

Aufgabe 110

Entscheiden Sie, ob folgende Vorgänge Kosten, Leistungen, neutrale Aufwendungen oder neutrale Erträge darstellen:

1. Mieteinnahmen für vermietetes Gebäude
2. Lohnzahlung an Mitarbeiter
3. Verkauf von Wertpapieren mit Kursgewinn
4. Banküberweisung der Gewerbesteuer
5. Zielverkauf von Handelswaren
6. Zinsgutschrift der Bank
7. Auflösung einer nicht in Anspruch genommenen Rückstellung

Lösung 110

Aufgabe 111

Im Rechnungswesen unterscheidet man zwischen Aufwendungen und Kosten bzw. Erträgen und Leistungen. Geben Sie jeweils ein Beispiel an für

1. Aufwendungen, die zugleich Kosten sind,
2. Erträge, die nicht zugleich Leistungen sind,
3. Erträge, die zugleich Leistungen sind,
4. Aufwendungen, die nicht zugleich Kosten sind.

Lösung 111

Aufgabe 112

Die Geschäftsfälle sollen danach untersucht werden, ob es sich um Kosten, Leistungen, neutrale Aufwendungen oder um neutrale Erträge handelt. Bilden Sie zunächst den Buchungssatz. Dies erleichtert die Einordnung der Konten.

1. Banklastschrift für die Stromrechnung, brutto	1.332,80 €
2. Verkauf von Aktien, Bankgutschrift	18.934,00 €
Kursverlust	7.900,00 €
3. Banklastschrift: Grundsteuer	987,00 €
4. Zielverkauf eines gebrauchten Lieferwagens, Buchwert	4.000,00 €
Nettoverkaufspreis	5.100,00 €
5. Bestandsminderung an Fertigerzeugnissen	12.000,00 €
6. Bankgutschrift für vermietete Geschäftsräume, netto	1.500,00 €
7. Für eine völlig abgeschriebene Forderung gehen überraschend ein, brutto	1.166,20 €
8. Tankbeleg: Benzin, brutto	101,15 €

Lösung 112

Aufgabe 113

Entscheiden Sie, ob es sich bei folgenden Vorgängen um Ausgaben, neutrale Aufwendungen, Kosten oder Kosten **und gleichzeitig** Ausgaben handelt.

1. Privatentnahme vom Bankkonto
2. Banklastschrift: Grundsteuer
3. Zielkauf eines neuen Lieferwagens
4. Eine Forderung wird vollständig abgeschrieben
5. Bestandsminderung an unfertigen Erzeugnissen

Lösung 113

Aufgabe 114

Formulieren Sie jeweils zwei Geschäftsfälle für

1. Leistungen
2. Einnahmen
3. Neutrale Erträge

Lösung 114

Aufgabe 115

Nennen Sie jeweils eine Aufgabe der

1. Geschäftsbuchführung
2. Betriebsbuchführung

Lösung 115

4.1.4 Vom Gesamtergebnis zum Betriebsergebnis

4.1.4.1 Neutrales Ergebnis

Aufgabe 116

Beantworten Sie folgende Fragen:

1. Wovon ist die Festlegung der Kosten und Leistungen im Betrieb abhängig?
2. Wie wird das Gesamtergebnis der Unternehmung ermittelt?
3. Wie wird das eigentliche Betriebsergebnis errechnet?
4. Finden Sie jeweils zwei Beispiele für

4.1 Neutrale Aufwendungen
4.2 Neutrale Erträge
4.3 Kosten
4.4 Leistungen

Lösung 116

Aufgabe 117

8020 GUV		90 NAWE		92 KL	
Aufwand	Ertrag	Aufwand	Ertrag	Kosten	?????
501.200,00 €	681.000,00 €	15.000,00 €	32.000,00 €	?????	649.000,00 €

1. Welcher Fachbegriff fehlt in der letzten Spalte?
2. Ermitteln Sie die Höhe der Kosten.
3. Bilden Sie die Abschlussbuchung für das GuV-Konto.
4. Berechnen Sie das Betriebsergebnis.

Lösung 117

4.1.4.2 Kalkulatorische Kosten

Aufgabe 118

Beantworten Sie folgende Fragen:

1. Worin besteht der Unterschied zwischen Zusatzkosten und Anderskosten?
2. In welchem Konto werden die neutralen Aufwendungen und Erträge abgegrenzt?
3. Welches Konto ist im Industriekontenrahmen für die Ermittlung des Betriebsergebnisses vorgesehen?

Lösung 118

4.1.4.3 Ermittlung des Betriebsergebnisses in tabellarischer Form

Aufgabe 119

Ermitteln Sie das Betriebsergebnis für ein holzverarbeitendes Fertigungsunternehmen unter Berücksichtigung folgender Angaben:
Kalkulatorische Abschreibungen 247.500,00 €,
Kalkulatorischer Unternehmerlohn 48.000,00 €.

S	GUV		H
6000 AWR	1.811.483,00	5000 UEFE	5.003.853,00
6020 AWH	464.729,00	5200 BV	66.287,00
6030 AWB	202.065,00	5710 ZE	68.755,00
6200 L	822.408,00		
6300 G	626.489,00		
6400 AGASV	412.936,00		
6420 BBG	12.000,00		
6520 ABSA	242.995,00		
6730 GEB	62.345,00		
6800 BMK	54.457,00		
6820 PUK	60.455,00		
6850 REK	75.556,00		
6870 WER	77.250,00		
6900 VBEI	15.234,00		
6960 VAVG	3.287,00		
7000 GWST	49.346,00		
7020 GRST	19.380,00		
7030 KFZST	24.330,00		
7510 ZAW	1.850,00		
3000 EK	100.300,00		
	5.138.895,00		5.138.895,00

Lösung 119

Lösung 119 (Fortsetzung)

Aufgabe 120

1. Nennen Sie einen wesentlichen Unterschied zwischen kalkulatorischer und bilanzmäßiger Abschreibung.
2. Welche Arten von kalkulatorischen Kosten werden unterschieden? Nennen Sie dazu jeweils ein konkretes Beispiel.
3. Ordnen Sie folgende Begriffe dem richtigen Rechnungskreis zu:

Lösung 120

	RK I	RK II
Gesamtergebnis		
Aufwendungen		
Neutrale Erträge		
Kalkulatorische Kosten		
Abgrenzungsergebnis		
Geschäftsbuchführung		
Leistungen		
GuV-Konto		
Betriebsergebnis		
Kostenrechnerische Korrekturen		

Lösung 120 (Fortsetzung)

Aufgabe 121

Ermitteln Sie das Gesamtergebnis, das Betriebsergebnis und das Abgrenzungsergebnis in Betrieben der Holzverarbeitung für Werk I und Werk II.

	I	II		I	II
Ertrag			Aufwand		
5000 UEFE	519.234,00 €	1.006.990,00 €	6000 AWR	193.670,00 €	375.740,00 €
5100 UEHW	4.382,00 €	16.331,00 €	6020 AWH	4.411,00 €	6.010,00 €
5200 BV	1.200,00 €	2.300,00 €	6030 AWB	3.340,00 €	6.414,00 €
5400 EMP	650,00 €	870,00 €	6040 AWVM	4.280,00 €	6.790,00 €
5430 ASBE	150,00 €	2.144,00 €	6080 AWHW	2.691,00 €	12.217,00 €
5460 EAVG	1.306,00 €	4.397,00 €	6140 AFR	2.700,00 €	7.217,00 €
5710 ZE	3.485,00 €	5.261,00 €	6160 FRI	9.528,00 €	27.365,00 €
			6200 L	66.543,00 €	183.208,00 €
			6300 G	33.709,00 €	84.964,00 €
			6400 AGASV	24.777,00 €	59.328,00 €
			6420 BBG	2.000,00 €	3.000,00 €
			6520 ABSA	23.665,00 €	38.919,00 €
			6700 AWMP	6.043,00 €	11.461,00 €
			6710 LS	8.388,00 €	21.714,00 €
			6730 GEB	2.393,00 €	3.504,00 €
			6750 KGV	2.913,00 €	4.014,00 €
			6770 RBK	4.906,00 €	7.418,00 €
			6800 BMK	2.157,00 €	4.189,00 €
			6810 ZFL	2.876,00 €	3.245,00 €
			6820 PUK	10.066,00 €	18.067,00 €
			6850 REK	12.738,00 €	21.999,00 €
			6870 WER	4.462,00 €	7.801,00 €
			6900 VBEI	4.011,00 €	7.539,00 €
			6920 BWB	2.500,00 €	4.800,00 €
			6930 VSF	2.750,00 €	3.760,00 €
			6950 ABFO	2.589,00 €	4.144,00 €
			6960 VAVG	2.343,00 €	4.663,00 €
			6990 PFAW	5.475,00 €	7.189,00 €
			7000 GWST	10.500,00 €	13.205,00 €
			7020 GRST	5.690,00 €	12.500,00 €
			7030 KFZST	11.767,00 €	17.328,00 €
			7460 VAWP	5.388,00 €	8.407,00 €
			7510 ZAW	12.464,00 €	20.646,00 €
			Kalk. Abschr.	27.450,00 €	36.780,00 €
			Kalk. Ulohn	51.145,00 €	63.070,00 €

Lösung 121

Lösung 121 (Fortsetzung)

Lösung 121 (Fortsetzung)

Lösung 121 (Fortsetzung)

Lösung 121 (Fortsetzung)

Lösung 121 (Fortsetzung)

4.2 Vollkostenrechnung bei Einzelfertigung

4.2.1 Kostenartenrechnung

4.2.1.1 Problematik der Kostenzuordnung

Aufgabe 122

Warum bereitet die Kostenzuordnung in einer Zuckerfabrik oder in einem Elektrizitätswerk weniger Probleme als im Unternehmen Holzbau Stefanie Bauer?

Lösung 122

Aufgabe 123

Beantworten Sie folgende Fragen:

1. Was versteht man unter Serienfertigung?
2. Warum kann bei der Herstellung von Milch nicht von Einzelfertigung gesprochen werden?
3. Weshalb muss der Unternehmer bei der Kalkulation des Verkaufspreises mit größtmöglicher Umsicht vorgehen?

Lösung 123

4.2.1.2 Einzelkosten – Gemeinkosten – Sondereinzelkosten der Fertigung

Aufgabe 124

Bearbeiten Sie:

1. Wodurch unterscheiden sich Einzelkosten und Gemeinkosten?
2. Nennen Sie fünf Beispiele für Gemeinkosten.
3. Welche Kosten unterscheidet die Kostenartenrechnung?
4. Was versteht man unter Sondereinzelkosten?
5. Finden Sie jeweils drei mögliche Beispiele für einen Kostenträger in folgenden Fertigungsunternehmen:

5.1 Landmaschinenhersteller
5.2 Schulmöbelfabrik
5.3 Lederwarenhersteller

Lösung 124

Aufgabe 125

Welche der angegebenen Kosten zählen zu den Einzelkosten, Sondereinzelkosten oder Gemeinkosten?

1. Löhne für Facharbeiter
2. Holzverbrauch
3. Kfz-Steuer für Montage-Lkw
4. Miete für Ausstellungsraum
5. Spezialwerkzeuge zur Fertigung einer Rundtheke für eine Metzgerei
6. Stromverbrauch
7. Abschreibungen auf Anlagen
8. Scharniere, Schlösser und Schrauben
9. Besondere Prüfung auf Umweltverträglichkeit
10. Verbrauch von Lack
11. Beiträge zur Unfallversicherung
12. Kalkulatorischer Unternehmerlohn

Lösung 125

Aufgabe 126

Ermitteln Sie die Summe der Einzelkosten und die Summe der Gemeinkosten in Euro.

Kostenarten	
Rohstoffverbrauch	1.459.455,00 €
Hilfsstoffverbrauch	312.297,00 €
Betriebsstoffverbrauch	113.573,00 €
Fertigungslöhne	2.598.034,50 €
Gehälter	493.951,00 €
Sozialabgaben	401.268,00 €
Abschreibungen	753.174,00 €
Kommunikationskosten	80.123,00 €
Steuern	201.096,00 €
Kalkulatorischer Unternehmerlohn	95.000,00 €

Lösung 126

4.2.2 Kostenstellenrechnung

4.2.2.1 Kostenstellen als Orte der Kostenverursachung

Aufgabe 127

Bei der Herstellung von Druckmaschinen fallen u. a. nachfolgende Kosten an.

- Gusseisen
- Lohn eines Zerspanungstechnikers
- Gehalt eines Vertreters
- Schmierstoffe
- Gehalt des Reinigungspersonals für das Verwaltungsgebäude
- Gehalt des Lagerverwalters in der Warenannahme
- Gehalt des Pförtners
- Gehalt der Buchhalterin
- Kosten für Patentanmeldung
- Gehalt des Geschäftsführers
- Ausgaben für Werbung
- Post- und Telekommunikationsgebühren
- Leasing für EDV-Anlage

Welche Kosten zählen zu den Gemeinkosten, welche zu den Einzelkosten bzw. Sondereinzelkosten?

Lösung 127

Aufgabe 128

Ordnen Sie folgende Aufgaben den vier Kostenstellenbereichen zu:

Werbung, Finanzbuchführung, Arbeitsvorbereitung, Materialausgabe, Unternehmensleitung, Montage, Marketing, Versand, Konstruktion.

Lösung 128

Aufgabe 129

Nennen Sie bei einem Möbelhersteller jeweils zwei Aufgaben (Tätigkeiten) aus dem

1. Materialbereich
2. Fertigungsbereich
3. Verwaltungsbereich
4. Vertriebsbereich

Lösung 129

4.2.2.2 Verteilung der Gemeinkosten auf die Kostenstellen

Aufgabe 130

Klären Sie folgende Begriffe:
Kostenstelle, Gemeinkosten, Kostenstellen-Einzelkosten

Lösung 130

Aufgabe 131

Finden Sie jeweils einen geeigneten Verteilungsschlüssel für folgende Gemeinkosten

- Stromverbrauch
- Sozialkosten
- Abschreibungen auf Anlagen
- Mietaufwendungen
- Versicherungen
- Heizölverbrauch

Lösung 131

Aufgabe 132

Führen Sie die Verteilung der Kostenarten auf die Kostenstellen durch:

Kostenart	Material	Fertigung	Verwaltung	Vertrieb
Hilfsstoffe 540.000,00 €	10%	?????%	8%	9%
Kalk. Abschreibungen 350.000,00 €	95.000,00 €	195.000,00 €	40.000,00 €	Rest
Miete 90.000,00 €	500 qm	2900 qm	400 qm	700 qm
Verschiedene Kosten 240.000,00 €	Rest	$\frac{2}{3}$	$\frac{1}{5}$	$\frac{1}{12}$

Lösung 132

Aufgabe 133

Verteilen Sie die Gemeinkosten auf die Kostenstellenbereiche Material, Fertigung, Verwaltung und Vertrieb unter Berücksichtigung der angegebenen Verteilungsschlüssel:

	Gemeinkosten	Material	Fertigung	Verwaltung	Vertrieb
1.	Stromkosten 3.354,00 € Kilowattstunden	900 kWh	17350 kWh	6730 kWh	820 kWh
2.	Sozialkosten 312.840,00 € Beschäftigte	65	415	230	80
3.	Kalk. Abschreibungen 8.900,00 € Kapitaleinsatz	165.000,00 €	980.000,00 €	520.000,00 €	115.000,00 €
4.	Klimaanlagekosten 53.580,00 € Volumen	3350 cbm	10200 cbm	4150 cbm	1100 cbm
5.	Feuerversicherung 252,50 € Versicherungssumme	200.000,00 €	1.000.000,00 €	700.000,00 €	120.000,00 €

Lösung 133

Aufgabe 134

Berichtigen Sie folgende fehlerhafte Aussagen:

1. Die Einzelkosten werden auf die vier Kostenstellen des Fertigungsunternehmens gemäß dem Kostenverursachungsprinzip verteilt.
2. Die Kostenartenrechnung unterscheidet folgende Kosten: Gemeinkosten – Sondereinzelkosten – neutrale Kosten.
3. Rohstoffverbrauch und Fertigungslöhne zählen zu den Sondereinzelkosten.

Lösung 134

4.2.2.3 Betriebsabrechnungsbogen

Aufgabe 135

Führen Sie die Kostenstellenrechnung mit Betriebsabrechnungsbogen durch.

Kostenarten	Summen	Verteilung	Material	Fertigung	Verwaltung	Vertrieb
Hilfsstoffe	3.550,00 €	Verhältnis	6	119	–	17
Betriebsstoffe	1.371,00 €	Maschinenstd.	980	17400	2950	1520
Löhne	2.350,00 €	Lohnlisten	250,00 €	1.600,00 €	400,00 €	100,00 €
Gehälter	8.970,00 €	Gehaltslisten	470,00 €	3.450,00 €	3.660,00 €	1.390,00 €
Sozialkosten	3.255,00 €	Verhältnis	2	21	5	3
Versicherungen	1.152,00 €	Fläche in qm	2800	16400	1200	5200
K. Abschreibungen	2.100,00 €	lt. Anlagekartei	–	1.520,00 €	370,00 €	210,00 €

Lösung 135

Kostenarten	Summen	Verteilung	Material	Fertigung	Verwaltung	Vertrieb
Hilfsstoffe						
Betriebsstoffe						
Löhne						
Gehälter						
Sozialkosten						
Versicherungen						
K. Abschreibungen						
Summe der Gemeinkosten						

Aufgabe 136

Führen Sie die Kostenstellenrechnung mit Betriebsabrechnungsbogen durch.

Kostenarten	Summen	Verteilung	Material	Fertigung	Verwaltung	Vertrieb
Hilfsstoffe	435.000,00 €	direkt	40.000,00 €	360.000,00 €	15.000,00 €	20.000,00 €
Betriebsstoffe	221.850,00 €	cbm	8900	139300	2100	2700
Löhne	780.800,00 €	direkt	178.600,00 €	404.600,00 €	146.800,00 €	50.800,00 €
Sozialkosten	398.760,00 €	Verhältnis	2	15	4	3
Kalkulatorische Abschreibungen	394.400,00 €	12,5% der Anlagewerte	120.000,00 €	2.851.200,00 €	40.000,00 €	144.000,00 €
Kalkulatorischer Unternehmerlohn	13.800,00 €	Beschäftigte	5	18	15	12
Material	151.000,00 €	direkt	35.000,00 €	40.000,00 €	15.000,00 €	61.000,00 €

Lösung 136

Kostenarten	Summen	Verteilung	Material	Fertigung	Verwaltung	Vertrieb
Hilfsstoffe						
Betriebsstoffe						
Löhne						
Sozialkosten						
Kalkulatorische Abschreibungen						
Kalkulatorischer Unternehmerlohn						
Material						
Summe der Gemeinkosten						

Aufgabe 137

Führen Sie die Kostenstellenrechnung mit Betriebsabrechnungsbogen durch.

Kostenarten	Summen	Verteilung	Material	Fertigung	Verwaltung	Vertrieb
Hilfs- und Betriebsstoffe	6.000,00 €	direkt	300,00 €	5.000,00 €	–	700,00 €
Löhne	7.575,00 €	Stunden	38	56	–	7
Gehälter	31.325,00 €	direkt	1.825,00 €	11.450,00 €	10.550,00 €	7.500,00 €
Sozialabgaben	24.792,00 €	im Verhältnis der gezahlten Löhne und Gehälter Fertigungslöhne als Einzelkosten 64.400,00 €				
K. Abschreibungen	12.300,00 €	Verhältnis	3	28	6	4
Reinigung	3.200,00 €	4 : 7 : 2 : 3				
K. Unternehmerlohn	20.000,00 €	Verhältnis	1	4,5	2,5	2

Lösung 137

Kostenarten	Summen	Verteilung	Material	Fertigung	Verwaltung	Vertrieb
Hilfs- und Betriebsstoffe						
Löhne						
Gehälter						
Sozialabgaben						
K. Abschreibungen						
Reinigung						
K. Unternehmerlohn						
Summe der Gemeinkosten						

4.2.2.4 Ermittlung der Gemeinkostenzuschlagssätze

Aufgabe 138

Berechnen Sie den Zuschlagssatz für die Materialgemeinkosten.

	1.	2.	3.	4.	5.
Fertigungsmaterial (Rohstoffverbrauch)	13.760,00 €	306.090,00 €	79.658,00 €	678.900,50 €	10.807,50 €
Materialgemeinkosten	1.926,40 €	56.626,65 €	28.995,50 €	208.966,95 €	1.063,45 €

Lösung 138

Aufgabe 139

Berechnen Sie die Materialgemeinkosten und die Materialkosten.

	1.	2.	3.	4.	5.
Fertigungsmaterial	37.601,00 €	609.030,00 €	9.983,65 €	10.052,00 €	3.008,50 €
MGK-Zuschlagssatz	13%	20,50%	7,50%	17%	9,75%

Lösung 139

Aufgabe 140

Berechnen Sie den Rohstoffverbrauch (Fertigungsmaterial).

	1.	2.	3.
Materialgemeinkosten	72.435,78 €	–	63.129,76 €
Materialgemeinkostenzuschlagssatz	8,75%	11,99%	–
Materialkosten	–	87.897,34 €	695.059,27 €

Lösung 140

Aufgabe 141

Berechnen Sie den Zuschlagssatz für die Fertigungsgemeinkosten.

	1.	2.	3.	4.	5.
Fertigungslöhne	216.225,00 €	10.750,30 €	88.360,80 €	195.300,00 €	1.206.300,00 €
Fertigungs-gemeinkosten	190.278,00 €	77.613,81 €	208.531,50 €	171.746,82 €	482.520,00 €

Lösung 141

Aufgabe 142

Berechnen Sie die Fertigungsgemeinkosten und die Fertigungskosten.

	1.	2.	3.	4.	5.
Fertigungslöhne	55.350,00 €	151.600,00 €	32.760,50 €	1.205.800,00 €	9.370,00 €
FGK-Zuschlag	135%	462%	350%	125%	316%
Sondereinzelkosten der Fertigung	–	3.709,00 €	150,00 €	–	1.408,80 €

Lösung 142

Aufgabe 143

Berechnen Sie die Fertigungslöhne.

	1.	2.	3.
Fertigungsgemeinkosten	153.789,32 €	478.981,78 €	–
Fertigungsgemeinkostenzuschlagssatz	168,97%	–	145,23%
Sondereinzelkosten der Fertigung	–	9.876,23 €	8.234,12 €
Fertigungskosten	–	656.721,76 €	523.789,65 €

Lösung 143

Aufgabe 144

Ermitteln Sie die Herstellkosten der Erzeugung.

	1.	2.	3.	4.
Fertigungsmaterial	39.850,00 €	300.000,00 €	1.307.950,00 €	170.400,50 €
MGK-Zuschlag	47%	6,6%	24,5%	20,5%
Fertigungslöhne	116.350,00 €	490.000,00 €	834.360,00 €	77.350,80 €
FGK-Zuschlag	105%	430%	185%	287%
Sondereinzelkosten der Fertigung	–	917,40 €	–	4.930,00 €

Lösung 144

Aufgabe 145

Ermitteln Sie die Herstellkosten des Umsatzes.

	Herstellkosten der Erzeugung	Bestandsveränderungen an unfertigen und fertigen Erzeugnissen	
		Anfangsbestand	Schlussbestand
1.	250.370,00 €	57.314,00 €	86.709,00 €
2.	1.798.200,00 €	233.207,00 €	216.008,00 €
3.	300.400,00 €	14.180,00 €	3.210,00 €
4.	225.396,00 €	1.695,00 €	37.618,00 €

Lösung 145

Aufgabe 146

Berechnen Sie den Anfangsbestand der unfertigen Erzeugnisse.

Herstellkosten der Erzeugung	2.350.000,00 €
Herstellkosten des Umsatzes	2.325.000,00 €
Fertige Erzeugnisse: Anfangsbestand	128.000,00 €
Schlussbestand	43.000,00 €
Unfertige Erzeugnisse: Schlussbestand	125.000,00 €

Lösung 146

Aufgabe 147

Ermitteln Sie die Herstellkosten des Umsatzes.

	1.	2.	3.	4.
Fertigungsmaterial	50.000,00 €	385.000,00 €	138.366,00 €	87.315,35 €
MGK	17.500,00 €	6%	29,5%	10,4%
Fertigungslöhne	80.000,00 €	455.000,00 €	387.032,00 €	66.733,00 €
FGK	100.000,00 €	75%	205%	48%
Sondereinzelkosten der Fertigung	–	10.600,75 €	14.365,00 €	–
Fertigerzeugnisse: Anfangsbestand Schlussbestand	 1.500,00 € 2.700,00 €	 – –	 33.245,00 € 21.018,00 €	 11.215,00 € 9.834,00 €
Unfertige Erzeugnisse: Anfangsbestand Schlussbestand	 800,00 € 300,00 €	 – –	 4.350,00 € 2.009,00 €	 3.718,00 € 7.489,00 €

Lösung 147

Aufgabe 148

Überprüfen Sie folgende Aussagen:

1. Je höher die Bestandsminderungen, desto niedriger ist die Zuschlagsbasis für die Verwaltungs- und Vertriebsgemeinkosten.
2. Je niedriger die Zuschlagsbasis, desto höher der Verwaltungs- und Vertriebsgemeinkostenzuschlagssatz.

Lösung 148

Aufgabe 149

Ermitteln Sie den Verwaltungs- bzw. Vertriebsgemeinkostenzuschlagssatz.

	1.	2.
Herstellkosten des Umsatzes	318.999,00 €	1.706.367,00 €
Verwaltungsgemeinkosten	13.876,00 €	189.236,10 €
Vertriebsgemeinkosten	8.765,00 €	98.745,00 €

Lösung 149

Aufgabe 150

Aus der Betriebsbuchführung sind folgende Zahlen bekannt:

	Material	Fertigung	Verwaltung	Vertrieb
Gemeinkosten	319.985,00 €	1.736.950,00 €	253.055,00 €	209.860,00 €
Einzelkosten	3.894.000,00 €	950.000,00 €		
Bestandsverminderungen	21.065,00 €			

1. Ermitteln Sie die Gemeinkostenzuschlagssätze (%).
2. Bilden Sie den Buchungssatz für den Abschluss des Kontos 5200 BV.

Lösung 150

Lösung 150 (Fortsetzung)

Aufgabe 151

Aus dem BAB ergeben sich folgende Gemeinkosten:

MGK	446.000,00 €
FGK	1.830.000,00 €
VwGK	736.000,00 €
VtGK	1.018.000,00 €

Materialeinzelkosten		1.135.000,00 €
Fertigungseinzelkosten		980.000,00 €
Bestandsveränderungen		
Fertige Erzeugnisse:	Mehrbestand	125.000,00 €
Unfertige Erzeugnisse:	Minderbestand	34.000,00 €

1. Ermitteln Sie die Gemeinkostenzuschlagssätze (%).
2. Bilden Sie die Buchungssätze für die Bestandsveränderungen.

Lösung 151

4.2.2.5 Ermittlung der Gemeinkostenzuschlagssätze im Betriebsabrechnungsbogen

Aufgabe 152

Erstellen Sie den BAB und ermitteln Sie die Gemeinkostenzuschlagssätze.

Kostenarten	Summen	Verteilung	Material	Fertigung	Verwaltung	Vertrieb
Hilfsstoffe	6.750,00 €	direkt	300,00 €	4.500,00 €	750,00 €	1.200,00 €
Strom	20.371,00 €	kWh	6900	103800	18400	27600
Löhne	91.864,00 €	Liste	11.470,00 €	38.595,00 €	22.367,00 €	19.432,00 €
Gehälter	5.400,00 €	direkt	360,00 €	3.816,00 €	648,00 €	576,00 €
Sozialkosten	36.187,50 €	Beschäftigte	5	53	9	8
Abschreibungen	20.000,00 €	2:29:4:5				
Steuern	12.210,00 €	Steuerbescheid	–	–	5.660,00 €	6.550,00 €
Miete	18.500,00 €	Mietverträge	–	6.000,00 €	2.000,00 €	10.500,00 €
K. Unternehmerl.	16.000,00 €	Prozentzahlen	5%	72,5%	10%	12,5%

Einzelkosten:
Fertigungsmaterial 13.215,60 €
Fertigungslöhne 67.270,40 €

Bestandsveränderungen:
Bestandserhöhungen 7.083,00 €

Lösung 152

Kostenarten	Summen	Verteilung	Material	Fertigung	Verwaltung	Vertrieb
Hilfsstoffe						
Strom						
Löhne						
Gehälter						
Sozialkosten						
Abschreibungen						
Steuern						
Miete						
Kalk. Unternehmerl.						
Summe der Gemeinkosten						

Aufgabe 153

Im Fertigungsunternehmen Julian Schlosser, Dettelbach, wurde für den Monat Februar der Betriebsabrechnungsbogen erstellt. Die vier Kostenstellen weisen folgende Gemeinkosten aus:

Materialbereich	6.500,00 €
Fertigung	185.000,00 €
Verwaltung	39.000,00 €
Vertrieb	61.000,00 €

Einzelkosten: Fertigungsmaterial 120.000,00 €, Fertigungslöhne 110.000,00 €.

1. Berechnen Sie die Gemeinkostenzuschlagssätze für den Monat Februar.
2. Erstellen Sie für die Gemeinkostenzuschlagssätze eine Grafik.
3. Wie hoch wäre der gemeinsame Zuschlagssatz für die Kostenstellen Verwaltung und Vertrieb?
4. Warum können die Verwaltungs- und Vertriebsgemeinkostenzuschlagssätze zusammengefasst werden?

Lösung 153

Aufgabe 154

Die Herstellkosten der Erzeugung sind um 1.500,00 € höher als die Herstellkosten des Umsatzes. Welcher Endbestand an fertigen Erzeugnissen muss sich bei der Inventur unter Berücksichtigung folgender Angaben ergeben?

Unfertige Erzeugnisse:	Anfangsbestand	10.000,00 €
	Endbestand	8.700,00 €
Fertige Erzeugnisse:	Anfangsbestand	18.000,00 €
	Endbestand	????? €

Lösung 154

Aufgabe 155

Im Industrieunternehmen Anna Seitz, Neumarkt, rechnet man mit folgenden Gemeinkostensätzen:

Materialgemeinkosten	12%
Fertigungsgemeinkosten	180%
Verwaltungsgemeinkosten	15%
Vertriebsgemeinkosten	10%

Im ersten Quartal betrugen die Materialkosten 1.545.600,00 €, an Fertigungslöhnen wurden 930.000,00 € gezahlt.

Mehrbestand an unfertigen Erzeugnissen	50.000,00 €
Minderbestand an fertigen Erzeugnissen	104.000,00 €

1. Berechnen Sie den Materialverbrauch in €.
2. Wie hoch sind die Fertigungsgemeinkosten in €?
3. Berechnen Sie die Herstellkosten des Umsatzes.
4. Stellen Sie die Gemeinkosten in einem Diagramm grafisch dar.

Lösung 155

Lösung 155 (Fortsetzung)

Aufgabe 156

Im Industrieunternehmen Hans Egerer, Nürnberg, liegen folgende Angaben vor:

Materialgemeinkosten	900,00 €	
Materialgemeinkostensatz	5%	
Verwaltungs- und Vertriebsgemeinkosten	7.830,00 €	
Herstellkosten der Erzeugung	88.000,00 €	
Unfertige Erzeugnisse:	AB: 35.300,00 €	SB: 33.000,00 €
Fertige Erzeugnisse:	AB: 53.600,00 €	SB: 54.300,00 €

1. Berechnen Sie den Rohstoffeinsatz.
2. Ermitteln Sie den gemeinsamen Zuschlagssatz für die Verwaltungs- und Vertriebsgemeinkosten.
3. Bilden Sie die Buchungssätze für die Bestandsveränderungen.

Lösung 156

Aufgabe 157

Bearbeiten Sie:

1. Welche Aufgaben haben folgende Bereiche:
1.1 Materialbereich,
1.2 Verwaltungsbereich?
2. Wozu dient der Betriebsabrechnungsbogen?
3. Worin besteht der Unterschied zwischen den Herstellkosten der Erzeugung und den Herstellkosten des Umsatzes?
4. Wie entsteht eine Bestandsmehrung?
5. Nennen Sie die zutreffenden Zuschlagsgrundlagen für die
5.1 Materialgemeinkosten,
5.2 Fertigungsgemeinkosten,
5.3 Vertriebsgemeinkosten.

Lösung 157

Aufgabe 158

Begründen Sie die Notwendigkeit der Berücksichtigung von Bestandsveränderungen bei unfertigen und fertigen Erzeugnissen für die Ermittlung der Herstellkosten des Umsatzes.

Lösung 158

Lösung 158 (Fortsetzung)

4.2.3 Kostenträgerrechnung

4.2.3.1 Kostenträgerzeitrechnung als Gesamtkalkulation

Aufgabe 159

Betriebsabrechnungsbogen					
Kosten-arten	**Gemeinkosten**	**Material**	**Fertigung**	**Verwaltung**	**Vertrieb**
	1.379.750,00 €	122.250,00 €	840.000,00 €	255.000,00 €	162.500,00 €

Einzelkosten:
Fertigungsmaterial 2.200.000,00 €
Fertigungslöhne 613.000,00 €

Bestandsveränderungen:
Mehrbestand an fertigen Erzeugnissen 210.000,00 €
Minderbestand an unfertigen Erzeugnissen 75.000,00 €

1. Führen Sie eine Gesamtkalkulation durch.
2. Ermitteln Sie die Gemeinkostenzuschlagssätze.
3. Bilden Sie die Buchungssätze für die Bestandsveränderungen.

Lösung 159

Lösung 159 (Fortsetzung)

Aufgabe 160

Aus der Kosten- und Leistungsrechnung eines Industriebetriebes sind folgende Angaben bekannt:

Materialgemeinkosten	200.000,00 €
Fertigungskosten	432.000,00 €
Bestandsminderungen	2.000,00 €
Selbstkosten des Umsatzes	1.495.000,00 €
MGK	25%
FGK	35%

1. Ermitteln Sie die Fertigungslöhne.
2. Berechnen Sie den Rohstoffeinsatz.
3. Ermitteln Sie den Zuschlagssatz für die Verwaltungs-/Vertriebsgemeinkosten.

Lösung 160

Lösung 160 (Fortsetzung)

Aufgabe 161

Ein Industriebetrieb hatte am Ende einer Abrechnungsperiode bei den unfertigen Erzeugnissen einen Schlussbestand von 62.500,00 €. Die Gesamtkalkulation enthielt Herstellkosten der Erzeugung von 850.000,00 € und Herstellkosten des Umsatzes von 875.000,00 €.

Wie hoch war der Anfangsbestand der unfertigen Erzeugnisse zu Beginn der Abrechnungsperiode, wenn bei den Fertigerzeugnissen keine Bestandsveränderung vorlag?

Lösung 161

Aufgabe 162

Die Selbstkosten des Umsatzes betragen nach Zuschlag von 12,50% Verwaltungsgemeinkosten und 8% Vertriebsgemeinkosten 289.200,00 €.

1. Berechnen Sie die Herstellkosten des Umsatzes.
2. Wie viel Euro betragen die Herstellkosten der Erzeugung, wenn das Konto 5200 BV beim Abschluss einen Saldo auf der Soll-Seite in Höhe von 2.950,00 € aufweist?

Lösung 162

4.2.3.2 Kostenträgerstückrechnung

Aufgabe 163

Aus dem BAB liegen folgende Zahlen vor:

Fertigungsmaterial	755.344,00 €		
Fertigungslöhne	898.321,00 €		
Material	**Fertigung**	**Verwaltung**	**Vertrieb**
158.789,00 €	1.543.782,00 €	345.193,00 €	312.475,00 €

1. Berechnen Sie die Gemeinkostenzuschlagssätze (%).
2. Kalkulieren Sie die Selbstkosten für ein Erzeugnis mit den ermittelten Zuschlagssätzen.
   Für die Herstellung des Erzeugnisses wurden Rohstoffe im Wert von 1.950,00 € verbraucht und 2.789,00 € Fertigungslöhne nachgewiesen.

Lösung 163

Lösung 163 (Fortsetzung)

Aufgabe 164

Bei der Herstellung eines Holztores entstanden als Einzelkosten 3.650,00 € für Fertigungsmaterial und 4.560,00 € für Fertigungslöhne. Dem BAB entnehmen wir folgende Zuschlagssätze: MGK 5,3%, FGK 149,5%, VwGK 14,6%, VtGK 9,8%. Außerdem fielen 45,00 € Sondereinzelkosten der Fertigung an.

Wie hoch sind die Selbstkosten?

Lösung 164

Aufgabe 165

Die Selbstkosten eines Erzeugnisses betragen 863,00 €. Wie viel Prozent machen die Verwaltungs- und Vertriebsgemeinkosten aus, wenn die Herstellkosten 720,00 € betragen?

Lösung 165

Aufgabe 166

Die Herstellkosten eines Produkts betragen 8.478,00 €. Sie enthalten als Einzelkosten 1.982,00 € Rohstoffverbrauch, 2.134,00 € Fertigungslöhne und für ein Spezialwerkzeug 250,00 €.

Berechnen Sie die Materialkosten, die Fertigungskosten, die Fertigungsgemeinkosten und den Fertigungsgemeinkostenzuschlagssatz, wenn der Materialgemeinkostenzuschlagssatz 8,25% beträgt.

Lösung 166

Aufgabe 167

Ermitteln Sie die Selbstkosten für einen Holzgartenzaun nach den vorliegenden Angaben:

Fertigungsmaterial	1,2 cbm Holz zu 1.200,00 €/cbm			Kleinteile 180,00 €
Lohnkosten	Zuschneiden lt. Lohnzettel 220,00 €			
	Verarbeiten lt. Lohnzettel 690,00 €			
Zuschlagssätze	Material	Fertigung	Verwaltung	Vertrieb
	6%	105%	22%	12%

Lösung 167

Aufgabe 168

Im Abrechnungszeitraum März lagen beim Industrieunternehmen Gold laut Rechenblatt folgende Zahlen vor:

	A	B	C	D	E	F
1	**Gesamtkalkulation**				**Stückkalkulation**	
2	**Zahlen aus dem BAB**				**Zahlen für den Auftrag**	
3	Monat März				Kunde A. Koller	
4						
5	80.000,00 €		FM		2.000,00 €	
6	10.000,00 €		+ MGK	12,50%	250,00 €	
7		90.000,00 €	MK			2.250,00 €
8	50.000,00 €		FL		2.500,00 €	
9	35.250,00 €		+ FGK	70,50%	1.762,50 €	
10	2.000,00 €		+ SEK		350,00 €	
11		87.250,00 €	FK			4.612,50 €
12		177.250,00 €	HK (dE)			6.862,50 €
13		1.000,00 €	+ Minderbest.			–
14		2.200,00 €	– Mehrbest.			–
15		176.050,00 €	HK (dU)			
16		14.911,44 €	+ VwGK	8,47%		581,25 €
17		9.717,96 €	+ VtGK	5,52%		378,81 €
18		200.679,40 €	SK			7.822,56 €

1. Nennen Sie die erforderlichen Eingabefelder der Gesamtkalkulation.
2. Welche Eingabefelder entfallen bei der Stückkalkulation? Begründen Sie dies.
3. Welche Formel wurde in Zelle D16 eingegeben?
4. Wie viel Euro betragen

4.1 der Gesamtverbrauch an Rohstoffen,

4.2 die Fertigungslöhne für den Auftrag,

4.3 die Selbstkosten für den Kostenträger?

Lösung 168

4.2.3.3 Berechnung weiterer Größen (Angebotskalkulation: Vorwärts-, Rückwärts-, Differenzkalkulation)

Aufgabe 169

Die Selbstkosten eines maßgefertigten Einbauschrankes betragen 1.120,00 €. Der Betrieb kalkuliert mit 20% Gewinn, 2% Kundenskonto und 18% Kundenrabatt (19% USt.).

1. Ermitteln Sie den Listenverkaufspreis (netto).
2. Bilden Sie den Buchungssatz für die Ausgangsrechnung, wenn 15 Schränke geliefert werden und der Rabatt sofort gewährt wird.
3. Bilden Sie den Buchungssatz für die Banküberweisung innerhalb der Skontofrist.

Lösung 169

Aufgabe 170

Die Selbstkosten einer Bürowandverkleidung betragen 1.440,00 €. Es wird mit 15% Gewinn, 3% Kundenskonto und 12% Kundenrabatt kalkuliert. Die Umsatzsteuer beträgt 19%.

1. Ermitteln Sie die vorläufige Rechnungssumme (ohne Rabattgewährung) einschließlich Umsatzsteuer.
2. Wie bucht der Kunde bei Lieferung, wenn der Rabatt in der endgültigen Rechnung sofort gewährt wird?
3. Aufgrund eines Materialfehlers erhält der Kunde einen Nachlass von 5%.
   Bilden Sie den Buchungssatz.
4. Den Rest bezahlt der Kunde durch Banküberweisung. Über welchen Betrag muss sie lauten, wenn der Skonto abgezogen wird?

Lösung 170

Aufgabe 171

Bei der Herstellung einer maßgefertigten Spezialtheke wurde folgender Verbrauch ermittelt:

Rohstoffe lt. Entnahmescheine	1.328,80 €
Fertigungslöhne lt. Lohnzettel	1.117,75 €
Entwurfskosten	215,85 €

Mit folgenden Zuschlagssätzen wird kalkuliert:	Materialgemeinkosten	9,30%
	Fertigungsgemeinkosten	109,70%
	Verwaltungsgemeinkosten	11,10%
	Vertriebsgemeinkosten	5,90%
In den Verkaufspreis werden eingerechnet:	Gewinn	16%
	Kundenskonto	3%
	Kundenrabatt	18%

1. Ermitteln Sie den Nettoverkaufspreis.
2. Bilden Sie den Buchungssatz für den Zielverkauf, wenn der Rabatt sofort gewährt wird.
3. Bilden Sie den Buchungssatz für die Bankgutschrift, wenn der Kunde die Ausgangsrechnung ohne Skontoabzug begleicht.

Lösung 171

Aufgabe 172

Für die Fertigung eines Holzschiebetors liegen folgende Angaben vor:

Einzelkosten:	Fertigungsmaterial 480,00 € und Fertigungslöhne 1.520,00 €
Zuschlagssätze:	MGK 8%, FGK 155%, VwGK 13% und VtGK 9%
	Gewinn 18% und Kundenskonto 2%

1. Errechnen Sie den Zielverkaufspreis.
2. Bilden Sie den Buchungssatz für die Ausgangsrechnung.
3. Bilden Sie den Buchungssatz, wenn dem Kunden für die beschädigte Tordichtung eine Gutschrift über 150,00 € netto + 19% USt. gewährt wird.

Lösung 172

Aufgabe 173

Bei der Herstellung einer Einbaugarderobe ergeben sich folgende Kosten:

Rohstoffverbrauch	1.463,70 €
Fertigungslöhne	1.801,12 €
Sondereinzelkosten der Fertigung	499,23 €

Dem BAB sind folgende Gemeinkostenzuschlagssätze zu entnehmen:	Materialgemeinkosten	8,30%
	Fertigungsgemeinkosten	147,50%
	Verwaltungsgemeinkosten	14,90%
	Vertriebsgemeinkosten	12,70%
In der Verkaufskalkulation sind zu berücksichtigen:	Gewinn	12,10%
	Kundenskonto	2,00%
	Kundenrabatt	12,50%

1. Führen Sie die Stückkalkulation bis zum Listenverkaufspreis (netto) durch.
2. Bilden Sie den Buchungssatz für die Ausgangsrechnung, wenn der Rabatt sofort gewährt wird (19% USt.).
3. Wie bucht der Kunde die Eingangsrechnung bei Lieferung (19% USt.)?

Lösung 173

Lösung 173 (Fortsetzung)

Aufgabe 174

Eine Möbelfabrik fertigt verschiedene Computertische in Serie. Die Einzelkosten werden für jede Serie getrennt erfasst. Im letzten Abrechnungszeitraum sind für eine Serie von 600 Computertischen (mobile PC-Stationen) 24.000,00 € für Fertigungsmaterial und 16.000,00 € für Fertigungslöhne angefallen. Die Möbelfabrik kalkuliert mit folgenden Gemeinkostenzuschlagssätzen: MGK 8,50%, FGK 154% und Vw/VtGK 17,50%.

1. Berechnen Sie die Herstellkosten für die Serie.
2. Berechnen Sie die Selbstkosten für einen Computertisch.
3. Zu welchem Listenverkaufspreis wird ein Computertisch angeboten, wenn 10% Gewinn, 3% Kundenskonto und 15% Kundenrabatt zu berücksichtigen sind?
4. Bilden Sie den Buchungssatz für die Ausgangsrechnung über 20 Computertische, wenn der Rabatt sofort gewährt wird.
5. Zwei Computertische weisen erhebliche Farbmängel und Klebstoffrückstände auf. Der Kunde sendet die Computertische zurück. Bilden Sie den Buchungssatz für die Gutschrift.

Lösung 174

Lösung 174 (Fortsetzung)

Aufgabe 175

Eine Decken- und Wandverkleidung wird zum Bruttopreis von 13.090,00 € angeboten. Die Kalkulation beruht auf folgenden Angaben:

Verwaltungsgemeinkosten	11%	Gewinn	15%
Vertriebsgemeinkosten	17%	Kundenskonto	3%

Die Umsatzsteuer beträgt 19%.

1. Wie hoch sind die Herstellkosten?
2. Bilden Sie den Buchungssatz für die Ausgangsrechnung.

Lösung 175

Aufgabe 176

Ein Fertigerzeugnis, das mit 780,00 € (netto) angeboten werden könnte, soll neu in das Fertigungsprogramm aufgenommen werden. Wie hoch dürfen die Selbstkosten veranschlagt werden, wenn 15% Gewinn erzielt und außerdem 2% Skonto und 12% Rabatt einkalkuliert werden sollen?

Lösung 176

Aufgabe 177

Im Industrieunternehmen Graber, Aschaffenburg, sind folgende Angaben bekannt:

Selbstkosten	9.435,00 €
Verwaltungs-/Vertriebsgemeinkosten	11%
Fertigungslöhne	2.500,00 €
Fertigungsgemeinkosten	100%
Materialgemeinkosten	15%

Berechnen Sie die Kosten für das Fertigungsmaterial.

Lösung 177

Aufgabe 178

Ein Kundenauftrag wurde unter Berücksichtigung von 2,5% Kundenskonto und 25% Kundenrabatt zu 71.000,00 € kalkuliert. Folgende Zahlen lagen der Kalkulation zugrunde:

Fertigungsmaterial	10.200,00 €	Fertigungsgemeinkosten	85%
Fertigungslöhne	19.750,00 €	Verwaltungsgemeinkosten	3,33%
Materialgemeinkosten	6,25%	Vertriebsgemeinkosten	2,5%

1. Wie hoch ist der Gewinn in € und %?
2. Bilden Sie den Buchungssatz für den Verkauf auf Ziel, wenn der Rabatt sofort gewährt wird.
3. Wie lautet der Buchungssatz bei Banküberweisung des Kunden nach Abzug des Skontos?

Lösung 178

Aufgabe 179

Aus Konkurrenzgründen soll der Listenpreis für den Innenausbau eines Dachgartens höchstens 44.800,00 € betragen. Folgende Kosten sind zu berücksichtigen:

Fertigungsmaterial 16.500,00 €, Fertigungslöhne 986,80 €, besondere Konstruktion 590,00 €, Materialgemeinkosten 22%, Fertigungsgemeinkosten 185%, Verwaltungsgemeinkosten 12%, Vertriebsgemeinkosten 9%.

1. Wie viel Prozent beträgt der Gewinn, wenn 2% Kundenskonto und 25% Kundenrabatt zu berücksichtigen sind?
2. Nach Ausführung des Auftrags überweist der Kunde den Rechnungsbetrag unter Abzug des Skontos (der Rabatt war sofort gewährt worden). Bilden Sie den Buchungssatz für die Bankgutschrift.

Lösung 179

Aufgabe 180

Bei einem Angebot muss der Listenverkaufspreis (netto) für eine Büroeinrichtung aus Konkurrenzgründen auf 30.000,00 € festgelegt werden. Die Herstellkosten sind auf 20.250,00 € kalkuliert worden, der Verwaltungs- und Vertriebsgemeinkostenzuschlagssatz beträgt derzeit 9,55%.

1. Lohnt sich die Übernahme des Auftrags, wenn wenigstens 12% Gewinn erzielt werden sollen und 15% Rabatt und 2% Skonto einzurechnen sind?
2. Könnte der Angebotspreis aus „optischen Gründen" noch um 100,00 € gesenkt werden?

Lösung 180

Aufgabe 181

Bei einem Werkstor wird mit 10% Gewinn, 3% Kundenskonto und 20% Kundenrabatt kalkuliert.

1. Ermitteln Sie den Listenverkaufspreis bei Selbstkosten von 37.500,00 €.
2. Ein neuer Kunde könnte bei Gewährung von 25% Rabatt gewonnen werden.
   Berechnen Sie den Gewinn in € und %.
3. Buchen Sie den Zielverkauf an den neuen Kunden, wenn der Rabatt sofort gewährt wird.
4. Buchen Sie den Zahlungseingang per Banküberweisung, wenn der Kunde innerhalb der Skontofrist überweist.

Lösung 181

4.2.4 Kostenkontrollrechnung

4.2.4.1 Vorkalkulation und Nachkalkulation

Aufgabe 182

Nennen Sie jeweils eine mögliche Ursache für

1. Kostensteigerung bei den Einzelkosten,
2. Kostensenkung bei den Verwaltungsgemeinkosten,
3. Kostensteigerung bei den Fertigungsgemeinkosten.

Lösung 182

4.2.4.2 Abweichungen zwischen geplanter und tatsächlicher Kostenentwicklung

Aufgabe 183

Die Vor- und Nachkalkulation ermittelte bei den Fertigungslöhnen folgende Ergebnisse:
Vorkalkulation 12.300,00 €, Überdeckung 320,00 €. Berechnen Sie die Höhe der Istkosten für die Fertigungslöhne.

Lösung 183

Aufgabe 184

Ein Industriebetrieb kalkuliert mit folgenden Zuschlagssätzen:

	Normal-Zuschlagssätze	Ist-Zuschlagssätze
MGK	8%	10%
FGK	150%	140%
VwGK	20%	22%
VtGK	15%	15%

Fertigungsmaterial 20.000,00 €, Fertigungslöhne 60.000,00 €.

Ermitteln Sie Über- bzw. Unterdeckung in Euro für die Gemeinkosten und den Kostenträger.

Lösung 184

Aufgabe 185

	Kostenstellenbereiche			
Kostenarten	**Material**	**Fertigung**	**Verwaltung**	**Vertrieb**
Gemeinkosten	8.900,00 €	153.000,00 €	70.530,00 €	105.795,00 €
Einzelkosten	111.250,00 €	85.000,00 €		
Bestandsart		Anfangsbestand	Endbestand	
Unfertige Erzeugnisse		20.000,00 €	35.000,00 €	
Ferigerzeugnisse		25.000,00 €	15.500,00 €	

1. Wie hoch sind die Ist-Zuschlagssätze?
2. Ermitteln Sie die Über- bzw. Unterdeckung für Einzel- und Gemeinkosten und den Kostenträger, wenn bei der Vorkalkulation mit folgenden Normal-Zuschlagssätzen gerechnet wurde: MGK 7%, FGK 185%, VwGK 20%, VtGK 28%.

	Vorkalkulation	**Nachkalkulation**
Fertigungsmaterial	1.300,00 €	1.350,00 €
Fertigungslöhne	2.000,00 €	2.040,00 €

Lösung 185

Lösung 185 (Fortsetzung)

Aufgabe 186

Im Fertigungsunternehmen H. Kraus, Berching, entstanden laut BAB im Mai folgende Gemeinkosten:

MGK	FGK	Vw/VtGK
42.000,00 €	324.000,00 €	153.000,00 €

An Einzelkosten fielen an:

Fertigungsmaterial 350.000,00 €, Fertigungslöhne 180.000,00 €.

Bestandsveränderungen:

Fertige Erzeugnisse	AB: 80.000,00 €	SB: 92.000,00 €
Unfertige Erzeugnisse	AB: 74.000,00 €	SB: 58.000,00 €

1. Wie viel Euro betragen die Herstellkosten des Umsatzes?
2. Berechnen Sie die Ist-Zuschlagssätze.
3. Der Betrieb kalkulierte bisher mit 13% Materialgemeinkosten, 185% Fertigungsgemeinkosten und 18% Verwaltungs- und Vertriebsgemeinkosten. Vergleichen Sie die Gemeinkosten und stellen Sie die Über- oder Unterdeckung fest. Die Einzelkosten bleiben unverändert.

Lösung 186

4.2.4.3 Aufgaben der Kostenkontrollrechnung

Aufgabe 187

Ein BAB enthält folgende Angaben:

Kostenarten	Summe	Kostenstellenbereiche			
		Material	Fertigung	Verwaltung	Vertrieb
Gemeinkosten	154.100,00 €	6.900,00 €	98.760,00 €	15.700,00 €	32.740,00 €
Einzelkosten	197.300,00 €	115.000,00 €	82.300,00 €		
Bestandsart		Anfangsbestand		Endbestand	
Unfertige Erzeugnisse		20.000,00 €		21.350,00 €	
Fertigerzeugnisse		30.000,00 €		34.200,00 €	

1. Wie hoch sind die Ist-Zuschlagssätze?
2. Ermitteln Sie die Über- bzw. Unterdeckung für die Gemeinkosten und den Kostenträger, wenn bei der Vorkalkulation mit folgenden Normal-Zuschlagssätzen gerechnet wurde: MGK 7%, FGK 125%, VwGK 5%, VtGK 10%; Fertigungsmaterial 1.000,00 € und Fertigungslöhne 2.500,00 €.
3. Berechnen Sie den Gewinn für Vor- und Nachkalkulation in € und %, wenn der Nettoverkaufspreis 9.000,00 € beträgt.

Lösung 187

Lösung 187 (Fortsetzung)

Aufgabe 188

Eine Möbelfabrik verwendet für die Kalkulation eines Erzeugnisses folgende Unterlagen:

	Vorkalkulation	Nachkalkulation
MGK	10%	10%
FGK	400%	395%
VwGK	20%	20%
VtGK	30%	35%
FM	1.200,00 €	1.250,00 €
FL	3.000,00 €	2.900,00 €

1. Ermitteln Sie die Über- bzw. Unterdeckung in € für Einzel- und Gemeinkosten und für den Kostenträger.
2. Wie viel Prozent beträgt der Gewinn in der Vorkalkulation, wenn mit einem Nettoverkaufspreis von 26.928,00 € gerechnet wird?
3. Um wie viel € ermäßigt sich der Gewinn, wenn auf dem Markt nur ein Nettoverkaufspreis von 26.000,00 € erzielt wurde?

Lösung 188

4.2.5 Zusammenfassende Aufgaben

Aufgabe 189

Im Stammwerk eines Spielwarenherstellers werden seit Beginn des Jahres auch Kinderroller aus Hartholz gefertigt. Für den letzten Abrechnungszeitraum liegen Ihnen hierzu folgende Ist-Werte vor:

Fertigungsmaterial	12.000,00 €
Materialgemeinkosten	960,00 €
Fertigungslöhne	11.200,00 €
Fertigungskosten	28.000,00 €

1. Sie werden beauftragt, die Kostenkontrollrechnung für die Produktion der Kinderroller durchzuführen.

1.1 Mit welchem Zuschlagssatz rechnet das Unternehmen bei den Fertigungsgemeinkosten?

1.2 Ermitteln Sie die Höhe der tatsächlichen Selbstkosten, wenn bei den Verwaltungs- und Vertriebsgemeinkosten mit einem gemeinsamen Zuschlagssatz von 12,50% gerechnet wird.

2. Im Rahmen der Vorkalkulation ergaben sich Selbstkosten von 43.380,00 €.

2.1 Ermitteln Sie bei den Selbstkosten Art und Höhe der Abweichung gegenüber der Vorkalkulation.

2.2 Nennen Sie zwei Ursachen, die zu der Abweichung bei den Selbstkosten geführt haben könnten.

3. Auf der Grundlage der vorliegenden Kostenrechnung ergibt sich für einen Kinderroller ein Selbstkostenpreis von 64,00 €.
Berechnen Sie den Listenverkaufspreis für einen Kinderroller, wenn das Unternehmen mit 8% Gewinn und 2% Kundenskonto kalkuliert.

Lösung 189

Lösung 189 (Fortsetzung)

Aufgabe 190

Für die Herstellung von Waschmaschinen sind Ihnen vom Monat Februar unter anderem folgende Werte bekannt:

Materialkosten	162,00 €/Stück
Sondereinzelkosten der Fertigung	5,00 €/Stück
Materialgemeinkostenzuschlagssatz	8%
Fertigungslöhne	100,00 €/Stück
Fertigungskosten	210,00 €/Stück

In der Kosten- und Leistungsrechnung sollen Sie folgende Aufgaben lösen:

1.1 Ermitteln Sie den Rohstoffverbrauch für eine Waschmaschine.

1.2 Berechnen Sie die Herstellkosten je Waschmaschine.

1.3 Ermitteln Sie den zugrunde gelegten Zuschlagssatz für die Fertigungsgemeinkosten.

1.4 Nennen Sie je ein Beispiel für

1.4.1 Materialgemeinkosten,

1.4.2 Sondereinzelkosten der Fertigung und

1.4.3 Verwaltungsgemeinkosten.

1.5 Die Nachkalkulation im Monat März ergibt Selbstkosten von 400,00 € je Waschmaschine.
Ermitteln Sie bei den Selbstkosten Art und Höhe der Abweichung gegenüber der Vorkalkulation, wenn bei den Verwaltungs- und Vertriebsgemeinkosten mit einem gemeinsamen Zuschlagssatz von 5% gerechnet wurde.

Lösung 190

Aufgabe 191

Bei der Produktion von Türen greift der Hersteller für die Kalkulation auf folgenden Auszug des BAB zurück.

Betriebsabrechnungsbogen				
Kostenarten	**Material-bereich**	**Fertigungs-bereich**	**Verwaltungs-bereich**	**Vertriebs-bereich**
Summe der Gemeinkosten	168.000,00 €	249.000,00 €	49.000,00 €	21.000,00 €
Zuschlagssätze	28,00%	83,00%	3,50%	1,50%

1. Die Gemeinkostenzuschlagssätze sind im BAB für jeden Kostenstellenbereich getrennt aufgeführt.

1.1 Bestimmen Sie den gemeinsamen Zuschlagssatz für die Verwaltungs- und Vertriebsgemeinkosten.

1.2 Weshalb ist die Zusammenfassung der beiden Zuschlagssätze möglich?

2. Für das Angebot über 200 Türen an den Kunden Graf kalkuliert das Unternehmen mit folgenden Kosten:

Materialkosten	7.680,00 €
Fertigungslöhne	14.700,00 €
Sondereinzelkosten der Fertigung	2.000,00 €

2.1 Berechnen Sie die Selbstkosten, wenn der Hersteller die Zuschlagssätze aus dem BAB zugrunde legt.

2.2 Ermitteln Sie den Netto-Listenverkaufspreis für das Angebot an den Kunden Graf, wenn 2% Gewinn und 3% Kundenskonto einzurechnen sind.

3. Der Kunde Graf will den Auftrag nur dann erteilen, wenn der Nettoverkaufspreis höchstens 40.000,00 € beträgt. Der Kundenauftrag wird zu dieser Bedingung ausgeführt.

Bilden Sie die Buchungssätze für

3.1 den Zielverkauf der Türen an den Kunden frei Baustelle,

3.2 die Banküberweisung durch den Kunden unter Abzug von 3% Skonto.

4. Ermitteln Sie Art und Höhe des Erfolges, den das Unternehmen bei diesem Geschäft erzielt, wenn die tatsächlichen Selbstkosten 38.600,00 € betragen.

5. Erklären Sie folgende Begriffe und nennen Sie jeweils ein Beispiel.

5.1 Sondereinzelkosten der Fertigung

5.2 Anderskosten

5.3 Einzelkosten

5.4 Zusatzkosten

5.5 Kostenstelle

5.6 Gemeinkosten

Lösung 191

Aufgabe 192

Aus der Kosten- und Leistungsrechnung eines Fertigungsunternehmens für Heizkörper liegt Ihnen für das zurückliegende II. Quartal des Kalenderjahres der Betriebsabrechnungsbogen, aufbereitet mithilfe der Tabellenkalkulation, vor:

	A	B	C	D	E	F
1						
2	**Betriebsabrechnungsbogen (BAB) für die Zeit vom 1. April bis 30. Juni**					
3	**Kostenarten**		**Kostenstellen**			
4		**Summen**	**Material**	**Fertigung**	**Verwaltung**	**Vertrieb**
5	Hilfsstoffe	2.000,00 €	200,00 €	1.600,00 €		200,00 €
6	Betriebsstoffe	5.800,00 €	400,00 €	3.500,00 €	500,00 €	1.400,00 €
7	Hilfslöhne	56.500,00 €	9.000,00 €	39.000,00 €	1.500,00 €	7.000,00 €
8	Gehälter	84.000,00 €	8.000,00 €	42.000,00 €	29.000,00 €	5.000,00 €
9	Sozialabgaben	30.910,00 €	3.200,00 €	17.900,00 €	7.210,00 €	2.600,00 €
10	Betriebssteuern	3.000,00 €	100,00 €	1.300,00 €	1.500,00 €	100,00 €
11	sonst. Kosten	8.000,00 €	900,00 €	6.000,00 €	900,00 €	200,00 €
12	kalk. Abschreibungen	9.000,00 €	300,00 €	4.200,00 €	4.000,00 €	500,00 €
13	kalk. Unternehmerlohn	6.500,00 €	300,00 €	3.800,00 €	2.000,00 €	400,00 €
14	**Summen**	205.710,00 €	22.400,00 €	119.300,00 €	46.610,00 €	17.400,00 €
15						
16	Zuschlagsgrundlage		191.435,00 €	93.937,00 €	400.062,50 €	
17	Zuschlagssatz			127,00%	16,00%	
18			Material-kosten	Fertigungs-kosten		
19			213.835,00 €	213.237,00 €		
20						

1. Welche Aufgabe hat der Betriebsabrechnungsbogen in einem Fertigungsunternehmen?

2. Die kalkulatorischen Kosten nehmen im BAB eine Sonderstellung ein.
   Begründen Sie,

2.1 weshalb die kalkulatorischen Abschreibungen der Betriebsbuchführung von den bilanzmäßigen Abschreibungen der Geschäftsbuchführung abweichen und

2.2 welche Bedeutung der kalkulatorische Unternehmerlohn als Zusatzkosten hat.

3. Für das II. Quartal wurde laut Kostenrechnung Fertigungsmaterial in Höhe von 191.435,00 € eingesetzt.

3.1 Berechnen Sie den Ist-Zuschlagssatz bei den Materialgemeinkosten.

3.2 Bisher wurde mit einem Materialgemeinkosten-Zuschlagssatz von 8% gerechnet.
Welche Auswirkung hätte es, wenn die Kalkulation nicht aktualisiert, wenn also der neue Zuschlagssatz für die Materialgemeinkosten (siehe 3.1) nicht angewendet würde?

4. Welche Formel musste in Zelle (Feld) D17 zur Berechnung des Zuschlagssatzes für die Fertigungsgemeinkosten eingegeben werden?

5. Die Zuschlagsgrundlage für den gemeinsamen Zuschlagssatz bei den Verwaltungs- und Vertriebsgemeinkosten beträgt laut BAB 400.062,50 €.

5.1 Nennen Sie den Fachbegriff für diese Zuschlagsgrundlage.

5.2 Ermitteln Sie Art und Höhe der Bestandsveränderung bei den Erzeugnissen.

6. Im Stammwerk wurde eine Fertigungslinie für einen neuen Heizkörper in Betrieb genommen. Dieser Heizkörper soll in der Werbung besonders herausgestellt werden. Sie ermitteln auf der Grundlage der Werte aus dem II. Quartal die Selbstkosten und den Angebotspreis.

6.1 Erstellen Sie die Stückkalkulation bis zu den Selbstkosten, wenn sich je Heizkörper Materialkosten von 67,00 € ergeben und die Fertigungslöhne je Heizkörper bei 24,00 € liegen.

6.2 Die Marktlage lässt gegenwärtig eine hohe Gewinnspanne zu.
Ermitteln Sie den Gewinn in € und in Prozenten, den der Hersteller erzielen kann, wenn der Listenverkaufspreis des Hauptkonkurrenten mit 179,90 € netto um 4,00 € unterboten werden soll und mit 3% Skonto kalkuliert wird.

7. Auf der Grundlage des BAB wurde ein Diagramm erstellt. Wie wird diese Art von Diagramm bezeichnet?

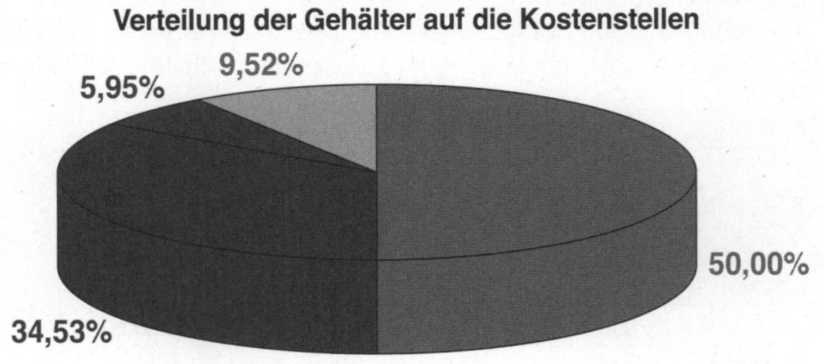

8. Das Diagramm ist noch nicht vollständig beschriftet.
Geben Sie an, um welche Kostenstelle es sich bei den Prozentsätzen

8.1 50,00% und

8.2 5,95% handelt.

Lösung 192

Aufgabe 193

Ein Fertigungsunternehmen für Oberbekleidung nutzt in der Kostenrechnung ein Tabellenkalkulationsprogramm. Aufgrund der Liberalisierung des Strommarktes wurde das Energieversorgungsunternehmen gewechselt. In diesem Zusammenhang wurde eine Neuberechnung der Stromkosten je Kostenstelle vorgenommen.

1. Für die Kostenstelle I wurden die Stromkosten für den Monat März mit 115,20 € berechnet.

1.1 Welche Formel wurde im Rechenblatt zur Ermittlung dieses Betrages in Zelle D42 eingegeben?

1.2 Nennen Sie die Fachbezeichnungen für die Kostenstellen I und IV.

2. Im Monat März betrugen die tatsächlichen Fertigungskosten 30.400,00 € und der Ist-Zuschlagssatz für die Fertigungsgemeinkosten 90%.
Berechnen Sie die Höhe der tatsächlichen Fertigungslöhne.

3. Das Unternehmen passt die Zuschlagssätze für die Normalgemeinkosten an die niedrigeren Ist-Zuschlagssätze an. Dies führt zu einer Senkung der Selbstkosten. Wie wirkt sich diese Senkung auf die Konkurrenzfähigkeit des Unternehmens aus?

4. Im Rahmen einer Überprüfung der Buchhaltung führen Sie für den Monat März einen Kontrollabschluss durch.
Der Gesamtbetrag bei den Erlösberichtigungen für Fertigerzeugnisse betrug im März insgesamt 6.000,00 € netto. Dieser Betrag umfasst unter anderem Kundenskonti in Höhe von netto 4.500,00 €.
Nennen Sie einen Grund, warum der Gesamtbetrag der Erlösberichtigungen höher ist als die Summe der Kundenskonti.

5. Nach Abzug der Erlösberichtigungen beliefen sich die Nettoverkaufserlöse im Monat März auf 144.000,00 €. Die tatsächlichen Selbstkosten wurden mit 128.000,00 € ermittelt.
Berechnen Sie den tatsächlichen Gewinn in € und in Prozenten für den Monat März.

Auszug aus dem aktuellen Rechenblatt für den Monat März

	A	B	C	D	E	F	G
	Kostenverteilungsschlüssel						
1	**Gemeinkosten**	**Zahlen der KLR**	**Verteilungsgrundlage**	**Kostenstellen**			
				I	**II**	**III**	**IV**
6	Strom	2.764,80 €	kWh	960	13440	1920	6720
40	**Betriebsabrechnungsbogen**						
41	**Kostenarten**	**Summe Gesamtkosten**	**Verteilungsgrundlage**	**Kostenstellen**			
42	Strom	2.764,80 €	kWh	115,20 €	1.612,80 €	230,40 €	806,40 €
43							

Lösung 193

Lösung 193 (Fortsetzung)

4.3 Teilkostenrechnung bei Einzelfertigung – Deckungsbeitragsrechnung

4.3.1 Vergleich zwischen Vollkostenrechnung und Teilkostenrechnung

4.3.2 Variable und fixe Kosten

Aufgabe 194

Welche der Kosten gehören zu den variablen Kosten, welche zu den fixen Kosten?

1. 6000 AWR	**2. 6700 AWMP**	**3. 6900 VBEI**	**4. 6300 G**
5. 6520 ABSA	**6. 7020 GRST**	**7. 6200 L**	**8. 7510 ZAW**

Lösung 194

Aufgabe 195

Beantworten Sie unter Benutzung der beiden nachfolgenden Grafiken folgende Fragen:

1. Wie entwickeln sich die variablen Kosten als Gesamtkosten bei zunehmender Produktion?
2. Wie hoch sind die variablen Kosten als Gesamtkosten bei der Herstellung von 80, 120 und 170 Geräteschuppen?
3. Wie hoch sind die variablen Kosten als Stückkosten bei einer Produktion von 135 Geräteschuppen?

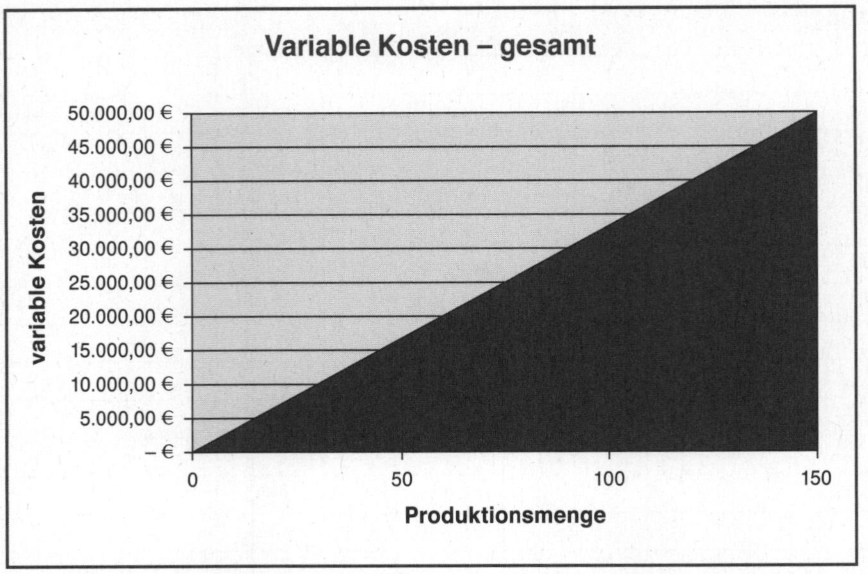

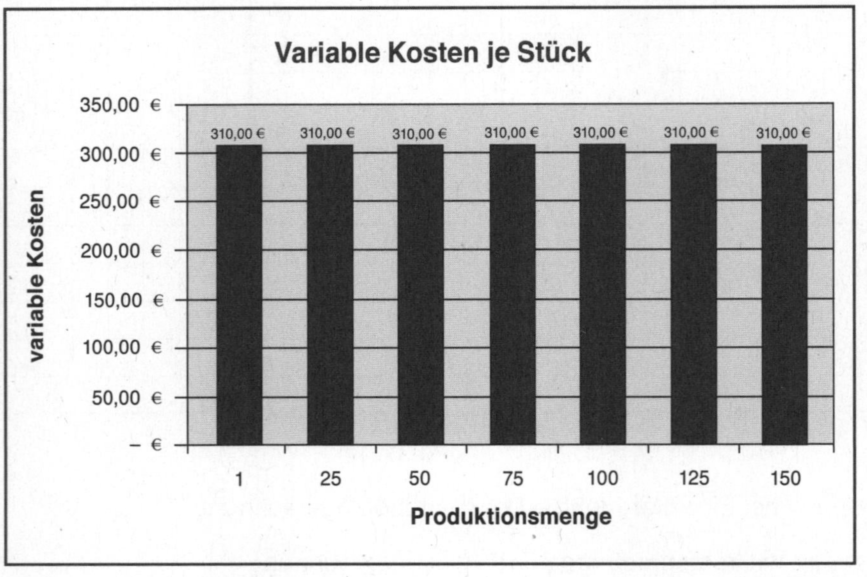

Lösung 195

Aufgabe 196

Beantworten Sie unter Benutzung der beiden nachfolgenden Grafiken folgende Fragen:

1. Welche Aufwendungen des Betriebes gehören zu den fixen Kosten?
2. Warum verändern sich die fixen Kosten als Stückkosten in Abhängigkeit von der Herstellungsmenge?
3. Wie hoch sind die fixen Kosten (Stückkosten) für einen Geräteschuppen bei einer Produktionsmenge von 80, 120 und 170 Geräteschuppen?
4. Die fixen Kosten (gesamt) werden zu den mengenunabhängigen Kosten gezählt. Warum?

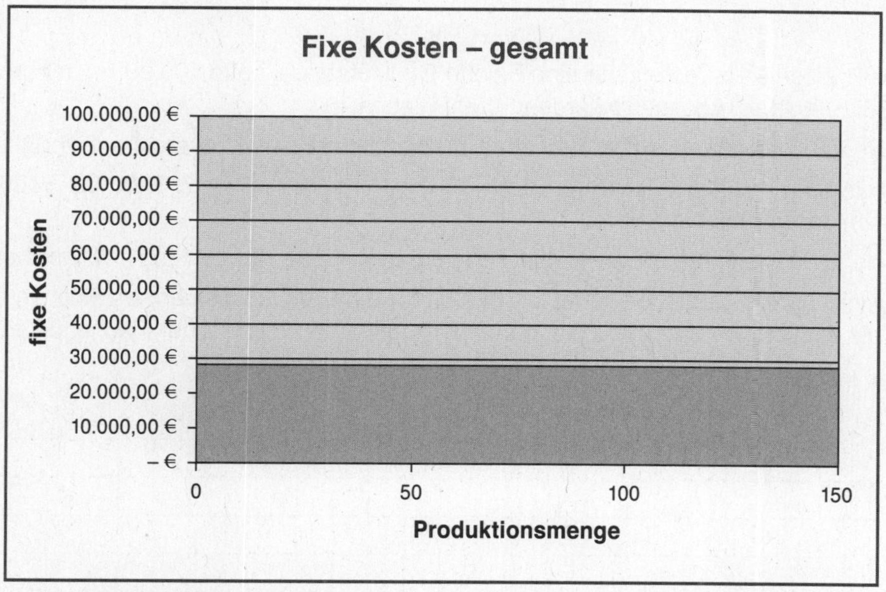
Fixe Kosten – gesamt
100.000,00 €
90.000,00 €
80.000,00 €
70.000,00 €
60.000,00 €
50.000,00 €
40.000,00 €
30.000,00 €
20.000,00 €
10.000,00 €
– €
fixe Kosten
0
50
100
150
Produktionsmenge

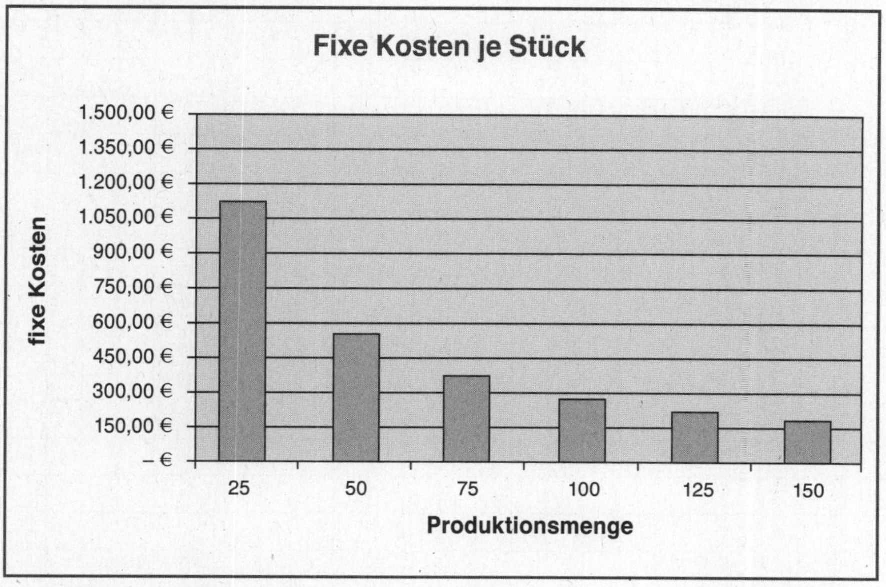
Fixe Kosten je Stück
1.500,00 €
1.350,00 €
1.200,00 €
1.050,00 €
900,00 €
750,00 €
600,00 €
450,00 €
300,00 €
150,00 €
– €
fixe Kosten
25
50
75
100
125
150
Produktionsmenge

Lösung 196

Aufgabe 197

Das Unternehmen „ÖKO-Ziegelei" berechnet für eine Palette Qualitätsziegel netto 400,00 €. Im Abrechnungszeitraum betragen die Fixkosten 550.000,00 €. Abgesetzt werden 5000 Paletten.

1. Nennen Sie Beispiele für Kostenarten dieses Betriebes, die den fixen Kosten zugerechnet werden müssen.
2. Stellen Sie die Entwicklung der fixen Kosten je Stück für die Produktionsmenge 1000 bis 5000 Stück (jeweils 1000 Stück) am PC grafisch dar (Säulendiagramm).
3. Nennen Sie Beispiele für Kostenarten dieses Betriebes, die den variablen Kosten zugerechnet werden müssen.
4. Stellen Sie die Entwicklung der gesamten variablen Kosten für die Produktionsmenge zwischen 0–5000 Stück am PC grafisch dar, wenn die variablen Kosten pro Palette 240,00 € betragen (Linien- oder Flächendiagramm).

Lösung 197

4.3.3 Deckungsbeitrag

4.3.4 Ermittlung des Betriebsergebnisses im Einproduktunternehmen

Aufgabe 198

Das Unternehmen Klein in Füssen erstellt ausschließlich Kinderstühle aus Massivholz. Für den letzten Monat liefert die Kostenrechnung des Unternehmens folgende Zahlen:

Nettoverkaufspreis/Stück	65,00 €
Variable Kosten	35,00 €
Produktion (= Absatz)	800 Stück
Fixe Kosten	20.500,00 €

1. Bestimmen Sie den Deckungsbeitrag.
2. Berechnen Sie das Betriebsergebnis (Gewinn oder Verlust).

Lösung 198

Aufgabe 199

Berechnen Sie das Betriebsergebnis.

	Nettoverkaufspreis/ Stück	Variable Kosten/ Stück	Fixe Kosten	Produktion (= Absatz)
1.	65,00 €	41,00 €	274.000,00 €	12000 Stück
2.	49,90 €	34,00 €	44.500,00 €	3000 Stück
3.	119,50 €	85,20 €	185.500,00 €	5500 Stück
4.	19,90 €	16,50 €	80.000,00 €	22000 Stück

Lösung 199

Aufgabe 200

Die Firma Kellner in Hof hat im letzten Monat 15000 Taschenrechner produziert und zu 19,90 € je Stück abgesetzt. Die variablen Kosten betragen je Stück 10,40 €, die fixen Kosten 120.000,00 €.

1. Wie hoch ist der Deckungsbeitrag je Stück?
2. Ermitteln Sie das Betriebsergebnis (Gewinn oder Verlust).
3. Wie hoch sind die Selbstkosten?

Lösung 200

Aufgabe 201

Von den nachstehenden Aussagen zum Deckungsbeitrag treffen nur zwei Aussagen zu. Geben Sie die Kennbuchstaben der zwei richtigen Aussagen an und berichtigen Sie die falschen Aussagen.

Aussage	Kennbuchstaben
Der Deckungsbeitrag steigt, wenn bei stabilen Verkaufspreisen die variablen Kosten sinken.	A
Der Deckungsbeitrag ist die Differenz zwischen den variablen Kosten und den Selbstkosten.	B
Der Deckungsbeitrag erhöht sich, wenn bei unveränderten Verkaufserlösen die variablen Kosten je Stück steigen.	C
Der Deckungsbeitrag ist die Differenz zwischen den Nettoverkaufspreisen je Stück und den variablen Kosten.	D
Der Deckungsbeitrag sinkt, wenn bei gleichbleibenden variablen Kosten die Verkaufserlöse je Stück steigen.	E

Lösung 201

Lösung 201 (Fortsetzung)

Aufgabe 202

Die Firma Auer produziert im Werk Coburg Radiowecker. Die Kostenrechnung hat für d e Monate April und Mai folgende Zahlen ermittelt:

Monat	April	Mai
Nettoverkaufspreis/Stück	39,00 €	39,00 €
Variable Kosten/Stück	23,00 €	23,00 €
Auslastung (= Absatz)	80%	1 800 Stück
Kapazität	2 500 Stück	2 500 Stück
Fixe Kosten	28.000,00 €	28.000,00 €

1. Berechnen Sie die Selbstkosten für die Monate April und Mai.
2. Ermitteln Sie das Betriebsergebnis für die Monate April und Mai.
3. Aufgrund der schwierigen Marktsituation musste die Geschäftsführung die Produktion im Juni auf 1 300 Stück reduzieren.
   Berechnen Sie das zu erwartende Betriebsergebnis, wenn die Verkaufspreise und die Kosten unverändert bleiben.

Lösung 202

4.3.5 Gewinnschwelle („Break-even-Point“)

Aufgabe 203

Das Unternehmen Staber, Donauwörth, hat sich auf die Fertigung von Bürostühlen spezialisiert und beliefert große Möbelhäuser im gesamten Bundesgebiet. Im letzten Monat wurden 650 Stühle produziert und zum Stückpreis von 450,00 € verkauft. Die fixen Kosten beliefen sich in diesem Zeitraum auf 55.000,00 €, der Gewinn betrug in dieser Abrechnungsperiode 42.500,00 €.

1. Ermitteln Sie die variablen Kosten je Bürostuhl sowie für die gesamte Produktion.
2. Berechnen Sie die Gewinnschwelle.
3. Der Verkaufspreis soll um 10% reduziert werden. Die Geschäftsleitung rechnet nach der Preissenkung mit einer Absatzmenge von 700 Bürostühlen. Wie wirkt sich dies auf den Gewinn aus?

Lösung 203

Aufgabe 204

Das Unternehmen Audio GmbH hat 5000 Stück Lautsprecherboxen im Zweigwerk Lindau zum Stückpreis von 150,00 € hergestellt und verkauft. Die variablen Kosten betragen 100,00 € je Stück, die fixen Kosten beliefen sich auf insgesamt 100.000,00 €. Ermitteln Sie die Gewinnschwelle und stellen Sie den Break-even-Point grafisch dar.

Lösen Sie die Aufgabe mithilfe eines Tabellenkalkulationsprogramms am PC.

Lösung 204

Aufgabe 205

Die Firma Buchinger stellt im Zweigwerk Burghausen Rollschränke her. Der Verkaufspreis wird auf 750,00 € netto je Schrank festgesetzt. Die variablen Kosten betragen 400,00 € je Schrank, die fixen Kosten belaufen sich auf 110.000,00 € im Monat. Monatlich werden 300 Rollschränke produziert und abgesetzt.

1. Ermitteln Sie das Betriebsergebnis.
2. Wie ändert sich das Betriebsergebnis, wenn durch eine Preissenkung um 50,00 € monatlich 400 Schränke abgesetzt werden können?
3. Wo liegt die Gewinnschwelle des Zweigwerkes nach der Preissenkung?

Lösung 205

Aufgabe 206

Das Unternehmen Müller, Ingolstadt, stellte 3000 Teichbecken her. Im Abrechnungszeitraum entstanden Gesamtkosten in Höhe von 75.000,00 €, darunter 30.000,00 € fixe Kosten. Die Produktion brachte dem Betrieb einen Verlust von 12.000,00 €.

1. Wie hoch war der Nettoverkaufspreis je Stück?
2. Ermitteln Sie rechnerisch und grafisch die Gewinnschwelle.

Lösung 206

Aufgabe 207

Das Unternehmen „Wohncomfort GmbH“ stellt in einem Filialbetrieb Kinderbetten her. Die Kapazität des Betriebs beträgt 600 Betten je Quartal. Die fixen Kosten belaufen sich je Quartal auf 32.000,00 €, die variablen Kosten betragen je Kinderbett 110,00 €. Je Bett wird ein Nettoverkaufspreis von 190,00 € erzielt.

1. Bei welcher Absatzmenge (je Quartal) erreicht das Unternehmen „Wohncomfort GmbH“ im Zweigbetrieb die Gewinnschwelle?
2. Welchem Beschäftigungsgrad entspricht die Gewinnschwellenmenge?
3. Das Unternehmen „Wohncomfort GmbH“ arbeitet zurzeit mit einer Auslastung von 80%. Ermitteln Sie das Betriebsergebnis.

Lösung 207

Aufgabe 208

Im Unternehmen Merz, Naila, ergab sich bei einer Produktion von 600 Stück ein Verlust von 12.000,00 €. Die Gesamtkosten betrugen 105.000,00 €, darunter fixe Kosten in Höhe von 60.000,00 €.

1. Berechnen Sie den Nettoverkaufspreis für ein Stück.
2. Ermitteln Sie rechnerisch und grafisch (PC!) die Gewinnschwelle.

Lösung 208

Lösung 208 (Fortsetzung)

Aufgabe 209

Bei der Produktion von Kaffeemaschinen fallen je Abrechnungsperiode 400.000,00 € fixe Kosten an. Die Höhe der variablen Kosten verläuft abhängig von der produzierten Menge:

Produzierte Kaffeemaschinen	Variable Kosten (insgesamt)
5000	125.000,00 €
6000	150.000,00 €
7000	175.000,00 €
8000	200.000,00 €
9000	225.000,00 €
10000	250.000,00 €

1. Berechnen Sie die Gesamt- und Stückkosten für die einzelnen Produktionsmengen (PC!).
2. Bestimmen Sie den Deckungsbeitrag und den Betriebserfolg bei einem Nettoverkaufspreis von 80,00 € je Stück, wenn 8500 Stück produziert und abgesetzt werden.
3. Berechnen Sie die Gewinnschwelle.
4. Wie würde sich eine Preisreduzierung um 5,00 € je Kaffeemaschine auf die Gewinnschwelle auswirken?

4.3.6 Ermittlung des Betriebsergebnisses im Zweiproduktunternehmen

Aufgabe 210

Das Unternehmen Luchs GmbH, Aschaffenburg, produziert Fußbälle und Basketbälle. Für den letzten Monat liegen folgende Zahlen vor:

Produkt	Fußbälle	Basketbälle
Nettoverkaufspreis/Stück	49,00 €	59,00 €
Variable Kosten/Stück	27,00 €	34,00 €
Auslastung (= Absatz)	4 000 Stück	1 500 Stück
Kapazität	4 500 Stück	1 800 Stück
Fixe Kosten	132.000,00 €	

Aufgrund eines Werbevertrages mit einem bekannten bayerischen Fußballverein ist eine Absatzsteigerung auf 4 400 Fußbälle je Monat bei unverändertem Nettoverkaufspreis möglich.

1. Konnte das Unternehmen Luchs GmbH im letzten Monat die fixen Kosten decken?
2. Welches Betriebsergebnis je Monat könnte bei einem Absatz von 4 400 Fußbällen erreicht werden?

Lösung 210

Aufgabe 211

Die Wintersport AG produziert in einem Zweigwerk in Sonthofen Alpinski und Langlaufski. Daten der letzten Abrechnungsperiode:

Produkt	Langlaufski	Alpinski
Nettoverkaufspreis/Paar	80,00 €	59,00 €
Variable Kosten/Paar	30,00 €	34,00 €
Produktion (= Absatz)	1 800 Paar	1 500 Stück
Fixe Kosten	93.000,00 €	

Berechnen Sie das Betriebsergebnis. Lösen Sie die Aufgabe mithilfe eines Tabellenkalkulationsprogramms am PC.

Lösung 211

Aufgabe 212

Das Unternehmen Bauer GmbH stellt zwei Fruchtsaftsorten her. Daten des letzten Monats:

Produkt	Apfelsaft	Orangensaft
Nettoverkaufspreis/Flasche	0,60 €	0,75 €
Variable Kosten/Flasche	0,35 €	0,40 €
Produktion (= Absatz)	75 000 Flaschen	80 000 Flaschen
Betriebsergebnis	– 5.250,00 €	

Ermitteln Sie die Höhe der fixen Kosten.

Lösung 212

Aufgabe 213

Das Futtermittelwerk Hafer in Landau erzeugt zwei Produkte. In der Kostenrechnung wurden für die letzte Abrechnungsperiode folgende Daten ermittelt:

Produkt	„Basis"	„Spezial"
Nettoverkaufspreis/Tonne	320,00 €	425,00 €
Variable Kosten/Tonne	210,00 €	235,00 €
Auslastung (= Absatz)	80%	75%
Kapazität	1 250 Tonnen	800 Tonnen
Fixe Kosten	180.000,00 €	

Ermitteln Sie das Betriebsergebnis.

Lösung 213

4.3.7 Teilkostenrechnung als marktorientierte Entscheidungshilfe

4.3.7.1 Hereinnahme von Zusatzaufträgen

Aufgabe 214

Ein Unternehmen, das Fieberthermometer (Infrarot-Ohrthermometer) herstellt, hat die Kostenrechnung im Monat April mit folgenden Zahlen abgeschlossen:

Produkt	Fieberthermometer (Infrarot-Ohrthermometer)
Nettoverkaufspreis/Stück	49,00 €
Variable Kosten/Stück	34,00 €
Auslastung (= Absatz)	84%
Kapazität	5000 Stück
Fixe Kosten	42.000,00 €

1. Berechnen Sie das Betriebsergebnis (Gewinn oder Verlust).
2. Lohnt sich die Hereinnahme eines Zusatzauftrages eines Versandhauses über 750 Fieberthermometer zum Preis von 38,00 €?

Lösung 214

Aufgabe 215

Die Firma Haustechnik GmbH stellt Geschirrspüler im Werk Günzburg her. Das Unternehmen befindet sich in der Gewinnzone und hat noch Kapazitäten frei. Ein Versandhaus stellt einen Sonderauftrag über 2000 Geräte in Aussicht, wenn ein Spülgerät für 540,00 € statt der sonst üblichen 640,00 € geliefert wird. Die variablen Kosten betragen je Geschirrspüler 525,00 €.

Berechnen Sie die Veränderung des Betriebsergebnisses bei Annahme dieses Auftrags.

Lösung 215

Aufgabe 216

In einem Industriebetrieb wurden im Abrechnungszeitraum 2000 CD-Player zum Nettoverkaufspreis von 150,00 €/Stück hergestellt und abgesetzt. Die variablen Kosten beliefen sich auf 70,00 €/Stück, die Summe der fixen Kosten betrug 110.000,00 €.

1. Lohnt sich die Hereinnahme eines Zusatzauftrages über 400 Stück, wenn für ein Stück ein Nettoverkaufspreis von 72,00 € erzielt werden könnte? Allerdings würden sich bei diesem Auftrag die fixen Kosten wegen Überschreitung der Produktionskapazität um 5.750,00 € erhöhen.
2. Berechnen Sie das Betriebsergebnis mit und ohne Zusatzauftrag.

Lösung 216

Lösung 216 (Fortsetzung)

Aufgabe 217

Durch das Hereinnehmen eines Zusatzauftrages über 9800 Stück wurde im Unternehmen ein zusätzlicher Deckungsbeitrag von 53.900,00 € erwirtschaftet. Zu berechnen sind die variablen Kosten pro Stück, wenn zum Nettoverkaufspreis von 13,00 €/Stück verkauft wurde.

Lösung 217

Aufgabe 218

Eine Textilfabrik stellt im unterfränkischen Bad Kissingen T-Shirts und Sweatshirts her:

	T-Shirt	Sweatshirt
Nettoverkaufspreis/Stück	34,00 €	41,00 €
Variable Kosten/Stück	28,00 €	32,00 €
Produktion (= Absatz)	5700 Stück	9300 Stück
Fixe Kosten	108.500,00 €	

1. Berechnen Sie das Betriebsergebnis.
2. Weil im Unternehmen freie Kapazitäten vorhanden sind, will es sich an der Ausschreibung einer Kaufhauskette über die Lieferung von 1500 Stück Sweatshirts beteiligen. Der Zusatzauftrag soll das Betriebsergebnis um 3.750,00 € verbessern. Welcher Nettoverkaufspreis wird im Angebot genannt?
3. Das Unternehmen erhält den Auftrag. Welche Gefahr besteht für die regulären Waren der Textilfabrik? Durch welche Maßnahmen könnte dieser Gefahr begegnet werden?

Lösung 218

4.3.7.2 Bestimmung der Preisuntergrenzen

Aufgabe 219

1. Erklären Sie die Begriffe kurzfristige und langfristige Preisuntergrenze.
2. Begründen Sie, warum ein Unternehmen langfristig einen Gewinn anstreben sollte.
3. Beurteilen Sie die Situation eines Unternehmens, dessen Teilkostenrechnung folgende Ergebnisse aufzeigt:
   A) DB > fixe Kosten
   B) DB < 0
   C) 0 < DB < fixe Kosten
4. Begründen Sie, warum ein Unternehmen mit überwiegend variablen Kosten bei der Preisgestaltung wenig Spielraum hat.

Lösung 219

Aufgabe 220

Das Unternehmen Klebfix GmbH, Erlangen, produziert Flüssigkleber und Klebstifte. Die Kostenrechnung hat für den letzten Monat folgende Daten ermittelt:

Produkt	Klebstift	Flüssigkleber
Nettoverkaufspreis/Stück	1,40 €	3,50 €
Variable Kosten/Stück	0,85 €	2,40 €
Produktion (= Absatz)	100 000 Stück	32 000 Stück
Fixe Kosten	75.200,00 €	

Das Produkt „Klebstift" muss verbilligt werden, da auf dem Markt ein starker Konkurrenzkampf (Verdrängungswettbewerb) entbrannt ist.

1. Berechnen Sie das Betriebsergebnis für den letzten Monat.
2. Ermitteln Sie die langfristige Preisuntergrenze für den Klebstift, wenn die Produktions- und Absatzmenge beibehalten wird.

Lösung 220

Lösung 220 (Fortsetzung)

Aufgabe 221

In einem Industriebetrieb wird ein Erzeugnis zu variablen Kosten in Höhe von 90,00 € je Stück und fixen Kosten je Abrechnungsperiode in Höhe von 240.000,00 € hergestellt. Die Produktionsmenge je Abrechnungsperiode beträgt 10 000 Stück. Ermitteln Sie die langfristige und kurzfristige Preisuntergrenze.

Lösung 221

Aufgabe 222

In einem Futtermittelwerk entstehen bei einer Produktion von 30 000 Packungen Futtermittel variable Kosten in Höhe von 630.000,00 €. Die fixen Kosten betrugen im gleichen Zeitraum 330.000,00 €. Insgesamt wurden 1.100.000,00 € Verkaufserlöse für die 30 000 Packungen erzielt.

1. Berechnen Sie den Gesamtdeckungsbeitrag und den Deckungsbeitrag für eine Packung.
2. Bei welchem Betrag liegt die langfristige Preisuntergrenze für eine Packung?
3. Ermitteln Sie die kurzfristige Preisuntergrenze für eine Packung Futtermittel.

Lösung 222

Aufgabe 223

Das Unternehmen Scantechnik GmbH, Augsburg, stellt zwei Scannertypen her:

Produkt	Scanner „Basic“	Scanner „Profi“
Produktion/Absatz in Stück	1 000	500
Nettoverkaufspreis/Stück	150,00 €	200,00 €
Variable Kosten/Stück	40,00 €	70,00 €
Fixe Kosten	150.000,00 €	

1. Berechnen Sie das Betriebsergebnis.
2. Auf wie viel € könnte der Nettoverkaufspreis des Typs „Basic“ gesenkt werden, wenn der Absatz von 1 000 Stück erreicht und die vollen Kosten gedeckt sein sollen?
3. Bestimmen Sie die kurzfristige Preisuntergrenze (Nettoverkaufspreis/Stück) für beide Scannertypen.
4. Um einen Absatzrückgang beim Typ „Profi“ zu vermeiden, beschließt die Geschäftsleitung, den Preis zu senken. Zu welchem Preis kann der Scanner verkauft werden, wenn der Betrieb mit einem Gewinn von 15.000,00 € zufrieden ist? Kosten und Preise des Typs „Basic“ bleiben unverändert.

Lösung 223

Lösung 223 (Fortsetzung)

Aufgabe 224

Die Firma KUGRA stellt ein Kunststoffgranulat her. Im Abrechnungszeitraum wurden 23 000 Doppelzentner (= volle Kapazität) abgesetzt. Die variablen Kosten pro Doppelzentner betragen 20,50 €. Die fixen Kosten belaufen sich auf 241.500,00 €.

1. Bestimmen Sie die Preisuntergrenze bei voller Auslastung, wenn der Betrieb pro Doppelzentner einen Gewinn von 2,00 € erzielen will.
2. Bestimmen Sie die kurzfristige Preisuntergrenze.
3. Wie hoch ist der Nettoverkaufspreis, wenn pro Doppelzentner ein Gewinn von 5,00 € angestrebt wird?
4. Bestimmen Sie die Preisuntergrenze, wenn der Betrieb auf Gewinn verzichtet.

Lösung 224

Lösung 224 (Fortsetzung)

4.3.7.3 Preisgestaltung als Instrument des Marketings

Aufgabe 225

Suchen Sie Beispiele für die verschiedenen preispolitischen Maßnahmen und geben S e Gründe an, weshalb Unternehmen zu diesen Maßnahmen greifen.

Lösung 225

4.3.8 Zusammenfassende Aufgaben

Aufgabe 226

Ein Elektrogerätehersteller produziert im Werk Schweinfurt Handrührgeräte und Stabmixer. Für den Monat März wurden in der Kostenrechnung des Unternehmens folgende Zahlen ermittelt:

Produkt	Handrührgeräte	Stabmixer
Nettoverkaufspreis/Stück	60,00 €	37,50 €
Variable Kosten/Stück	28,00 €	17,50 €
Kapazität	2500 Stück	4000 Stück
Auslastung (= Absatz)	80%	75%
Fixe Kosten	85.000,00 €	

1. Berechnen Sie das Betriebsergebnis.
2. Um den Absatz bei den Handrührgeräten zu sichern, will die Geschäftsleitung das Betriebsergebnis im Monat Mai vorübergehend auf 25.000,00 € senken. Berechnen Sie den Verkaufspreis, zu dem ein Handrührgerät angeboten werden kann.
3. Im November fragen zwei Kunden, ein Versandhaus und eine Kaufhauskette, an, ob ein Zusatzauftrag ausgeführt werden kann:
   - Das Versandhaus würde 350 Handrührgeräte zum Nettopreis von je 45,00 € abnehmen.
   - Die Kaufhauskette will 280 Handrührgeräte zum Nettopreis von je 48,25 € kaufen.

Begründen Sie rechnerisch, für welchen Auftrag das Unternehmen sich entscheiden soll.

Lösung 226

Lösung 226 (Fortsetzung)

Aufgabe 227

Beurteilen Sie die Situation eines Fertigungsunternehmens, wenn in der Teilkostenrechnung für ein Produkt folgende Ergebnisse ausgewiesen werden:

1. Nettoverkaufspreis = variable Kosten
2. Nettoverkaufspreis > variable Kosten je Stück
3. Nettoverkaufspreis < variable Kosten
4. Stückdeckungsbeitrag = 0,00 €

Lösung 227

Aufgabe 228

Das Unternehmen Josef Wittelsberger produziert im Zweigwerk Bad Aibling Klaviere. Für den September liegen aus der Kostenrechnung folgende Zahlen vor:

Nettoverkaufspreis/Stück	5.500,00 €
Variable Kosten/Stück	3.600,00 €
Fixe Kosten	162.000,00 €
Auslastung (= Absatz)	80%
Kapazität	100 Stück

1. Ermitteln Sie das Betriebsergebnis (Gewinn oder Verlust), wenn alle produzierten Klaviere abgesetzt werden konnten.
2. Ab welcher produzierten und abgesetzten Stückzahl erwirtschaftet das Unternehmen Wittelsberger im Zweigwerk Bad Aibling erstmals einen Gewinn?
3. Ein großes Münchner Fachgeschäft für Musikinstrumente ist bereit, im Rahmen einer Jubiläumsaktion einen Auftrag über 15 Klaviere zu erteilen, wenn auf den Nettoverkaufspreis ein Sonderrabatt von 20% gewährt wird. Die Geschäftsführung entscheidet sich dafür, den Zusatzauftrag anzunehmen, um das Betriebsergebnis zu verbessern. Berechnen Sie das neue Betriebsergebnis aufgrund der Hereinnahme des Zusatzauftrages und begründen Sie die Veränderung.
4. Zur Verbesserung der wirtschaftlichen Situation sollen vor allem die variablen Kosten gesenkt werden. Welche Möglichkeiten hat das Unternehmen?

Lösung 228

Aufgabe 229

Die Firma Speichertechnik GmbH hat für die abgelaufene Periode folgende Kennzahlen für die Produktion von CD-ROMs im Werk Bayreuth ermittelt:

Nettoverkaufspreis je 10er-Packung	7,00 €
Variable Kosten je 10er-Packung	3,00 €
Kapazität	80 000 10er-Packungen
Auslastung (= Absatz)	75%
Fixe Kosten	220.000,00 €

1. Bestimmen Sie das Betriebsergebnis (Gewinn oder Verlust).
2. Ermitteln Sie rechnerisch und grafisch die Gewinnschwelle (PC!).
3. Die Geschäftsführung will zur Absatzsicherung den Nettoverkaufspreis je 10er-Packung um 0,50 € senken. Stellen Sie die Verlagerung der Gewinnschwelle in der Grafik dar und berechnen Sie die Gewinnschwellenmenge für den neuen Verkaufspreis.
4. Ermitteln Sie das Betriebsergebnis bei dem um 0,50 € reduzierten Nettoverkaufspreis je Packung.
5. Was könnte die Geschäftsführung veranlassen, im Werk Bayreuth vorübergehend auf einen Gewinn zu verzichten?

Lösung 229

Lösung 229 (Fortsetzung)

Aufgabe 230

Das Unternehmen „Topbike AG" produziert in seinem schwäbischen Zweigwerk in Burgau Mountainbikes in zwei Versionen. Für das erste Quartal des Jahres liegen folgende Daten aus der Kostenrechnung vor:

Mountainbike	„Matterhorn"	„Drei Zinnen"
Nettoverkaufspreis/Stück	?????	2.200,00 €
Variable Kosten/Stück	900,00 €	1.000,00 €
Kapazität	2400 Stück	1600 Stück
Auslastung (= Absatz)	1200 Stück	1000 Stück
Fixe Kosten	2.130.000,00 €	

Aufgrund der starken Konkurrenz befindet sich das Zweigwerk in einer schwierigen wirtschaftlichen Lage.

1. Zu welchem Nettoverkaufspreis wurde ein Mountainbike des Typs „Matterhorn" abgesetzt, wenn sich im ersten Quartal ein Betriebsverlust von 90.000,00 € ergab?
2. Berechnen Sie die Auslastung bei Typ „Matterhorn" und „Drei Zinnen" in Prozenten.
3. Aufgrund der unbefriedigenden Nachfrage muss die Produktion des Typs „Matterhorn" eingestellt werden. Die Fixkosten sinken dadurch im Werk Burgau um 730.000,00 €. Berechnen Sie die neue Gewinnschwelle für das Zweigwerk.
4. Zahlreiche Unternehmen verlagern ihre Produktion ins Ausland.
   Nennen Sie Gründe, die für oder gegen eine Produktionsverlagerung sprechen.

Lösung 230

Aufgabe 231

Ergänzen Sie folgenden Text:

Lösung 231

1. Solange die Gesamterlöse höher sind als die ________________, befindet sich das Unternehmen in der Gewinnzone.

2. Bei Preiserhöhungen reicht eine ________________ Absatzmenge aus, um die Gewinnschwelle zu erreichen.

3. Kosten, die unabhängig von der hergestellten Menge bzw. vom Beschäftigungsgrad anfallen, werden als ________________ ________________ bezeichnet.

4. Der Gesamtdeckungsbeitrag wird größer, wenn bei gleich bleibenden Verkaufserlösen die variablen Kosten ________________.

5. Je größer die produzierte Menge, desto ________________ sind die Selbstkosten je Stück.

Aufgabe 232

Das Unternehmen „Bürosysteme GmbH" stellt im Werk Schrobenhausen Büroschreibtische her. Die Kapazität ist bei einer Fertigung von 200 Stück ausgelastet. Für das laufende Quartal liegen folgende Zahlen vor:

Nettoverkaufspreis/Stück	2.500,00 €
Variable Kosten/Stück	1.250,00 €
Fixe Kosten	185.000,00 €

1. Berechnen Sie die Selbstkosten je Schreibtisch bei maximaler Produktion.
2. Ermitteln Sie das Betriebsergebnis, wenn alle produzierten Schreibtische abgesetzt werden konnten.
3. Ermitteln Sie grafisch und rechnerisch die Gewinnschwellenmenge (Break-even-Point).
4. Erklären Sie den Begriff „Gewinnschwellenmenge".

Lösung 232

Lösung 232 (Fortsetzung)

Aufgabe 233

Die Firma „PC Mobil GmbH“, Freising, produziert Notebooks in zwei Versionen. Für den Monat März liegen Ihnen folgende Angaben vor:

Produkt	Modell „Mobil“	Modell „Power“
Nettoverkaufspreis/Stück	1.200,00 €	1.500,00 €
Variable Kosten/Stück	975,00 €	1.125,00 €
Kapazität	500 Stück	650 Stück
Auslastung (= Absatz)	70%	500 Stück
Selbstkosten	1.138.750,00 €	

1. Ermitteln Sie die Höhe der fixen Kosten für den letzten Monat.
2. Berechnen Sie das Betriebsergebnis (Gewinn oder Verlust).
3. Ermitteln Sie, zu wie viel Prozent die Produktion bei Modell „Power“ ausgelastet ist.
4. Eine Kaufhauskette ist bereit, für eine Aktionswoche im Monat April einen Zusatzauftrag über 100 Notebooks des Modells „Mobil“ zu erteilen, wenn auf den Nettoverkaufspreis ein Sonderrabatt von 15% gewährt wird. Die Unternehmensleitung entscheidet sich für die Annahme des Auftrags. Berechnen Sie das neue Betriebsergebnis aufgrund der Hereinnahme des Zusatzauftrages.
5. Die Konkurrenz bietet gegenüber dem Modell „Power“ gleichwertige Notebooks günstiger an. Das Unternehmen „PC Mobil GmbH“ erwägt den Nettoverkaufspreis von Modell „Power“ im Monat Juli zu senken. Bestimmen Sie die langfristige Preisuntergrenze, wenn Produktion und Absatz von Modell „Mobil“ unverändert bleiben.

Lösung 233

Lösung 233 (Fortsetzung)

Aufgabe 234

Das Unternehmen „Mario Adria GmbH" produziert im Werk Traunstein Espressomaschinen. Für das zweite Quartal wurde eine Tabellenkalkulation zur Ermittlung des Betriebsergebnisses erstellt:

	A	B	C	D
1	**Deckungsbeitragsrechnung Zweigwerk Traunstein**			
2		**Modell „Standard"**	**Modell „Exklusiv"**	
3	*Produktion/Absatz*	3000 Stück	1000 Stück	
4	**Nettoverkaufserlös/Stück**	**420,00 €**	**1.150,00 €**	
5	**– variable Kosten/Stück**	**280,00 €**	**950,00 €**	
6	**Deckungsbeitrag/Stück**	**140,00 €**	**200,00 €**	
7	**Deckungsbeitrag/gesamt**	**420.000,00 €**	**200.000,00 €**	**620.000,00 €**
8	**– fixe Kosten**			**512.400,00 €**
9	**Betriebsergebnis**			**###########**
10				

1. Welche Formel wurde im Rechenblatt eingegeben
   zur Berechnung des Wertes in Zelle C6,
   zur Berechnung des Wertes in Zelle C7,
   zur Berechnung des Wertes in Zelle D7?
2. Aufgrund eines Formelfehlers ist der Wert in Zelle D9 nicht lesbar. Geben Sie die richtige Formel für die Zelle D9 an und berechnen Sie den Betrag, der in der Zelle D9 stehen müsste.
3. Nennen Sie drei Beispiele für fixe Kosten.
4. Warum werden die fixen Kosten nicht auf die einzelnen Kostenträger (Produkte) aufgeteilt?
5. Vergleichen Sie die Preise der beiden Modelle mit weiteren Angeboten (z. B. aus dem Internet).

Lösung 234

5 Zusammenfassende Wiederholung zur Geschäfts- und Betriebsbuchführung in einem Fertigungsunternehmen

5.1 Geschäftsgang zur Geschäfts- und Betriebsbuchführung in einem Fertigungsunternehmen

Aufgabe 235

Das mittelständische Unternehmen Laura Calza hat sich unter dem Markennamen **SORELLA** auf die Fertigung von Wolldecken spezialisiert. Laura Calza, die Alleineigentümerin des Unternehmens, hat in Augsburg die notwendigen Betriebs- und Verwaltungsräume gemietet und produziert dort qualitativ hochwertige Kaschmir- und Kamelhaardecken. Als Handelsware kauft sie Bettwäsche und Tischdecken ein, stellt sie zu Sets zusammen und bietet diese ihren Kunden an.

Ihre Gruppe der Auszubildenden wird beauftragt, selbstständig einen Geschäftsgang zu bearbeiten. Dabei sollen sich auftragsgemäß Einzel- und Gruppenarbeit abwechseln. Da der zeitliche Aufwand für diesen umfangreichen Arbeitsauftrag nicht unerheblich ist und eine ordentliche und richtige Lösung hohe Konzentration erfordert, vereinbaren **Sie** mit Ihren Gruppenmitgliedern eine Arbeitsstruktur und legen diese schriftlich fest:

SORELLA-Gruppe
der Auszubildenden

UNSER ARBEITSAUFTRAG:
- Eine umfangreiche Aufgabe ist zu lösen.

UNSER ZIEL:
- Wir wollen die Aufgabe ordentlich und richtig lösen.

UNSER WEG:
- Wir zerlegen den Arbeitsauftrag in Teilschritte.
- Diese Schritte stimmen wir inhaltlich und zeitlich ab.
- Jedes Mitglied unserer Gruppe bearbeitet jeden dieser Teilschritte allein.
- Wir überprüfen unsere Zeitvorgabe. Benötigen wir mehr oder weniger Zeit? (Zeitmanagement)
- Wir überprüfen gemeinsam nach jedem Teilschritt unsere Lösungsvorschläge. Erst wenn wir uns alle über die korrekte Lösung geeinigt haben, beginnen wir mit dem nächsten Teilschritt.

Die einzelnen Teilaufträge lauten:

1. Eröffnen Sie anhand dieses Eröffnungsbilanzkontos die Bestandskonten.

Soll — 8000 EBK zum 1. Januar 20.. — Haben

Soll		Haben	
3000 EK	258.500,00	0700 MA	125.000,00
3670 EWB	1.900,00	0840 FP	89.500,00
3680 PWB	4.200,00	0860 BM	16.300,00
4250 LBKV	86.200,00	0870 BA	15.700,00
4400 VE	74.970,00	2000 R	14.200,00
4800 UST	6.120,00	2020 H	6.790,00
4830 VFA	6.980,00	2030 B	3.210,00
4840 VSV	7.820,00	2100 UFE	12.230,00
		2200 FE	34.670,00
		2280 HW	10.050,00
		2400 FO	22.015,00
		2470 ZWFO	5.355,00
		2600 VORST	2.790,00
		2800 BK	84.990,00
		2880 KA	2.890,00
		2900 ARA	1.000,00
	446.690,00		446.690,00

2. Im Kontenplan sind noch diese weiteren Konten vorhanden. Richten Sie diese Konten ein.

aus der Kontenklasse 0:	0895 SP
aus der Kontenklasse 2:	2690 SOFO
aus der Kontenklasse 3:	3001 P; 3900 SORST
aus der Kontenklasse 4:	4890 SOVE
aus der Kontenklasse 5:	5000 UEFE; 5001 EBFE; 5100 UEHW; 5200 BV; 5450 EAWB; 5495 EFO; 5710 ZE
aus der Kontenklasse 6:	6000 AWR; 6001 BZKR; 6002 NR; 6020 AWH; 6030 AWB; 6080 AWHW; 6200 L; 6300 G; 6400 AGASV; 6420 BBG; 6520 ABSA; 6545 ABSP; 6700 AWMP; 6710 LS; 6770 RBK; 6800 BMK; 6810 ZFL; 6820 PUK; 6900 VBEI; 6950 ABFO
aus der Kontenklasse 7:	7030 KFZST
aus der Kontenklasse 8:	8010 SBK; 8020 GUV

3. Vorbereitung der Umsatzsteuervoranmeldung des Vormonats.

3.1 Ermitteln Sie rechnerisch die Umsatzsteuerzahllast für Dezember des abgelaufenen Jahres. Als Informationsquelle dient Ihnen das EBK.

3.2 Bilden Sie den Buchungssatz für die Ermittlung der Zahllast. Die Banküberweisung der Zahllast erfolgt erst später (siehe Kontoauszug zu 5.1).

3.3 Buchen Sie den Fall 3.2 in den beiden Steuerkonten.

4. Zeitliche Abgrenzung

Bilden Sie den Buchungssatz für die Auflösung des Kontos 2900 ARA. Der Betrag von 1.000,00 € resultiert aus der bereits am 1. November des Vorjahres überwiesenen Lagerraummiete für November, Dezember und Januar.

5. Belege

5.1 Bearbeiten Sie folgende Belege (Kontieren Sie):

Beleg 1

Kontoauszug Kontonummer: 8520902 Auszug: 01 **FUGGERBANK Augsburg**
IBAN DE27700205170008520902 Datum: 08. 01. 20.. Blatt: 01
BIC FUBADEFF

Vorgang/Buchungsinformation	Buchung	Wertstellung	Umsatz in Euro
– Überweisung an Finanzamt Augsburg USt. Dezember (Zahllast)	07. 01.	07. 01.	3.330,00 –
– Überweisung an AOK Augsburg Einbehaltene Sozialversi.-Beträge	07. 01.	07. 01.	7.820,00 –
– Überweisung an Finanzamt Augsburg einbehaltene LSt	07. 01.	07. 01.	6.980,00 –

Fuggerbank Augsburg · D-86153 Augsburg
Laura Calza
Wolldeckenfabrik
Wollweberstraße 44
86157 Augsburg

Zahlungseingänge	EUR	0,00 +
Zahlungsausgänge	EUR	18.130,00 –
Alter Kontostand	EUR	50.490,00 +
Neuer Kontostand	EUR	32.360,00 +

Postanschrift: Fuggerbank Augsburg 86153 Augsburg
Direkt-Service: Tel.: 0821 453330 · Telefon-Banking: Tel.: 0810 753060 · Erreichbarkeit: 7x24 Stunden
Telefax: 0821 453331 · E-Mail: info@fuggerbank.xyz · Internet: http://www.fuggerbank.xyz
Bankleitzahl 700 205 17

Beleg 2

FUGGERBANK AUGSBURG
Aktiengesellschaft
Die Bank mit Tradition und Zukunft
Fuggerbank AG · Goldseeplatz 7
86153 Augsburg

Fuggerbank AG · Goldseeplatz 7 · 86153 Augsburg

Firma
Laura Calza
Wolldeckenfabrik
Wollweberstraße 44
86157 Augsburg

Fuggerbank Aktiengesellschaft
Goldseeplatz 7 · 86153 Augsburg

Telefon: 0821 453330
Telefax: 0821 453331
Internet: www.fuggerbank.xyz
E-Mail: info@fuggerbank.xyz

Vorsitzender des Aufsichtsrates:
Dr. Josef Reich

Vorstand:
Dr. Martin Stein (Vorsitzender)
Stefan Baum (stellv. Vorsitzender)
Günter Lech
Bernhard Schwab

Sitz: Augsburg
Handelsregister HRB 8828
Bankleitzahl (BLZ) 700 205 17

Ihr Kreditantrag vom 02. Januar 20..

Augsburg, 12. Januar 20..

Sehr geehrte Frau Calza,

Sie beabsichtigen in Kürze eine neue Verpackungsmaschine zu erwerben und haben bei uns einen Investitionskredit beantragt.

Unser Angebot

Kreditbetrag: 30.000,00 Euro zu 4,50% p. a.
Tilgung: 48 Monatsraten zu je 625,00 Euro

haben Sie am 08. Januar 20.. angenommen. Wir bedanken uns für Ihr Vertrauen.

Der Kredit wird mit heutiger Wertstellung Ihrem Bankkonto – Kontonummer 8520902 – gutgeschrieben (siehe beiliegender Kontoauszug).

Mit freundlichen Grüßen

K. Recht

Korbinian Recht

Beleg 3

FIRMA KUNOKRÄUSEL
Hafenstraße 125 · 28217 Bremen
Telefon: 0421 192837 · Fax: 0421 1928[illegible]8
E-Mail: info@kraeusel.xyz · Internet: www.kraeusel.xyz

FIRMA KUNOKRÄUSEL e. Kfm · Hafenstraße 125 · 28217 Bremen

Firma
Laura Calza
Wollweberstraße 44
86157 Augsburg

Rechnung
Kundennummer: 307920
Rechnungsnummer: 0020453
Ihre Bestellung: 13. Januar 20..
Lieferdatum: 13. Januar 20..
Ansprechpartner: Herr Strick
(Tel.: 0421 192840)

Bremen, 15. Januar 20..

RECHNUNG

Art.-Nr.	Menge	Bezeichnung	Einzelpreis	Gesamtpreis
012	30 Ballen	Kamelhaarwolle Güteklasse „Extra"	700,00 Euro	21.000,00 Euro
015	21 Ballen	Kaschmirwolle; Güteklasse I	500,00 Euro	10.500,00 Euro
		Warenwert netto		31.500,00 Euro
		+ Transportversicherung		120,00 Euro
		+ Leihverpackung, absolut wasserdicht		380,00 Euro
				32.000,00 Euro
		+ 19% Umsatzsteuer		6.080,00 Euro
		Rechnungsbetrag		**38.080,00 Euro**

Vielen Dank für Ihren Auftrag.

Zahlbar ohne Abzug innerhalb von 30 Tagen rein netto.
Verkauf und Lieferung erfolgt ausschließlich nach unseren Verkaufs- und Lieferbedingungen.
Bankverbindung: Hansebank Bremen · BLZ 290 450 60 · Kontonummer: 35066010
Firmensitz: Bremen · Handelsregister Bremen HRA 3024
USt-IdNr. [illegible]955230506 · Steuer-Nr. 2471/270/524930

Beleg 4

KAMELHAARDECKEN · KASCHMIRDECKEN · BETTWÄSCHE · TISCHDECKEN

LAURA CALZA
Wollweberstraße 44 · 86157 Augsburg
Telefon: 0821 998877 · Telefax: 0821 998878
E-Mail: service@calza.xyz · Internet: www.calza.xyz

LAURA CALZA · Wollweberstraße 44 · 86157 Augsburg

Firma
Betten Bauer
Am Salzweg 14
83022 Rosenheim

RECHNUNG
Kundennummer: 003520
Rechnungsnummer: 000108
Ihre Bestellung: 15. Januar 20..
Lieferdatum: 20. Januar 20..
Ansprechpartner: Frau Garn
(Tel.: 0821 998882)

Augsburg, 20. Januar 20..

ART.-NR.	MENGE	BEZEICHNUNG	EINZELPREIS EUR	GESAMTPREIS EUR
001	16	Kamelhaardecken	40,00	640,00
006	12	Kaschmirdecken	90,00	1.080,00
021	28	Tischdeckensets „Lech"	10,00	280,00
034	12	Bettwäschesets „Iris"	25,00	300,00
		Warenwert netto		2.300,00
		+ 19% Umsatzsteuer		437,00
		Rechnungsbetrag		2.737,00

Vielen Dank für Ihren Auftrag.
Lieferung: frei Haus.

Zahlungsbedingungen: 10 Tage 3% Skonto / 30 Tage rein netto.
Die gelieferte Ware bleibt bis zur vollständigen Bezahlung unser Eigentum.
Bankverbindung: Fuggerbank Augsburg · BLZ 700 205 17 · Kontonummer: 8520902
Laura Calza, e. Kfr. · Amtsgericht Augsburg HRA 1739
USt-IdNr. DE832090112 · Steuer-Nr. 9103/260/40771

Beleg 5

KAMELHAARDECKEN · KASCHMIRDECKEN · BETTWÄSCHE · TISCHDECKEN

LAURA CALZA
Wollweberstraße 44 · 86157 Augsburg
Telefon: 0821 998877 · Telefax: 0821 998878
E-Mail: service@calza.xyz · Internet: www.calza.xyz

LAURA CALZA · Wollweberstraße 44 · 86157 Augsburg

Firma
Betten Bauer
Am Salzweg 14
83022 Rosenheim

GUTSCHRIFT
Kundennummer: 003520
Rechnungsnummer: 000108
Ihre Bestellung: 15. Januar 20..
Lieferdatum: 20. Januar 20..
Ansprechpartner: Frau Garn
(Tel.: 0821 998882)

Augsburg, 22. Januar 20..

Sehr geehrte Frau Bauer,

wir bedauern es außerordentlich, dass einige der bei uns erworbenen Kamelhaardecken unregelmäßig gesäumt sind. Bitte weisen Sie Ihre Kunden auf diese kleine Unzulänglichkeit hin, die die Funktion der Decken insgesamt ja nicht beeinträchtigt. Wie viel Preisnachlass Sie dabei Ihren Kunden gewähren, bleibt selbstverständlich Ihnen überlassen.

Von uns erhalten Sie auf jeden Fall einen **Preisnachlass von brutto 297,50 Euro,** den wir Ihnen hiermit gutschreiben.

Seien Sie versichert, dass wir künftig unsere Qualitätskontrolle im Werk noch intensiver durchführen werden.

Mit freundlichen Grüßen

Antonia Garn

Bankverbindung: Fuggerbank Augsburg · BLZ 700 205 17 · Kontonummer: 8520902
Laura Calza, e. Kfr. · Amtsgericht Augsburg HRA 1739
USt-IdNr. DE832090112 · Steuer-Nr. 9103/260/40771

Beleg 6

STEUERKANZLEI ERICH EICHELE

STEUERKANZLEI
ERICH EICHELE
STEUERBERATER • VEREIDIGTER BUCHPRÜFER
Fiskusgasse 3 • 86152 Augsburg
Telefon: 0821 4023 • Telefax: 0821 4070
E-Mail: info@office-modern.xyz • Internet: http://www.office-modern.xyz

STEUERKANZLEI ERICH EICHELE · Fiskusgasse 3 · 86152 Augsburg

Firma
Laura Calza
Wolldeckenfabrik
Wollweberstraße 44
86157 Augsburg

Augsburg, 10. März 20..

RECHNUNG

Leistungsdatum: 08. März 20..
Rechnungsnummer: 0476

Steuerliche Beratung in Sachen
„Beabsichtigte Umwandlung Ihres Einzelunternehmens in eine GmbH"

Honorar laut Gebührenordnung	2.000,00 Euro
+ Umsatzsteuer 19%	380,00 Euro
Rechnungsbetrag	**2.380,00 Euro**

Zahlbar ohne Abzüge innerhalb von 14 Tagen.
Bankverbindung: Beraterbank Augsburg BLZ 700 314 17 Kontonummer: 172136
USt-IdNr. DE217022356 Steuer-Nr.: 9103/281/52624

Beleg 7

MÖBELMÜLLER
IHR SPEZIALIST FÜR SITZMÖBEL
Wirbelplatz 7 • 86152 Augsburg
Telefon: 0821 5680 • Fax: 0821 2249
E-Mail: service@mueller.xyz
Internet: www.moebel-mueller.xyz

MÖBEL MÜLLER • Wirbelplatz 7 • 86152 Augsburg

Firma
Laura Calza
Wollweberstraße 44
86157 Augsburg

RECHNUNG

Seite:	1
Rechnungsnummer:	05736
Datum:	31. Juli 20..
Lieferdatum:	31. Juli 20..
Kundennummer:	02304
Bestellung:	26. Juli 20..

MENGE	ARTIKEL	EINZELPREIS	GESAMTPREIS
8	Bürostühle Fabrikat Wöndl; Typ: Silentium	400,00 Euro	3.200,00 Euro
		+ 19% Umsatzsteuer	608,00 Euro
		Rechnungsbetrag	3.808,00 Euro

BEI UNS SITZEN SIE RICHTIG – NICHT NUR BEQUEM.
2 JAHRE GARANTIE AUF ALLE PRODUKTE UNSERES HAUSES!

Zahlungsbedingungen: 10 Tage 2% Skonto / 30 Tage rein netto.
Die gelieferte Ware bleibt bis zur vollständigen Bezahlung unser Eigentum.
Bankverbindung: Fuggerbank Augsburg • BLZ 700 205 17 • Kontonummer 5043093
Manfred Müller, e. Kfm. • Augsburg HRA 3703 • USt-IdNr. DE432210031 • St.-Nr. 9103/280/98331

5.2 Buchen Sie nun die sieben Belege in die Konten.

6. Bearbeiten Sie noch folgende Geschäftsfälle und buchen Sie auch diese in die Konten.

6.1	Zwei Ballen der gelieferten Kamelhaarwolle erfüllen nicht die Qualitätsanforderungen. Laura Calza erhält daher von Kuno Kräusel eine Gutschriftsanzeige über brutto.	238,00 €
6.2	Bankgutschrift: Kunde M. Mollig begleicht unsere Ausgangsrechnung über Kaschmirdecken unter Abzug von 3% Skonto.	14.428,75 €
6.3	Kauf der Verpackungsmaschine auf Ziel am 25. Mai 20.. Listenpreis, netto Fracht, netto Montagearbeiten, netto Rechnungsbetrag	 38.200,00 € 255,00 € 545,00 € ????? €
6.4	Banklastschrift: Ausgleich der Rechnung von 6.3.	46.410,00 €
6.5	Lohn- und Gehaltsabrechnung: Bruttolöhne Bruttogehälter Abzüge insgesamt (davon AN-Anteil zur Sozialversicherung 4.368,00 €) Nettolöhne und -gehälter (Banküberweisung)	 8.000,00 € 13.000,00 € 9.800,00 € 11.200,00 €
6.6	Siehe 6.5: Der Arbeitgeberanteil zur Sozialversicherung beträgt.	4.179,00 €
6.7	Eingangsrechnung des Hilfsstofflieferers, Rechnungsbetrag (brutto).	6.545,00 €
6.8	Zielkauf von Schmieröl für die Webstühle, netto.	1.200,00 €
6.9	Barkauf von fünf Papierlochern für das Büro, netto.	160,00 €
6.10	Banküberweisung an den Rohstofflieferer.	28.560,00 €
6.11	Wir erhalten den Beitragsbescheid der Berufsgenossenschaft.	400,00 €
6.12	Banklastschrift: Telefonrechnung, netto.	250,00 €
6.13	Banklastschrift: – Kfz-Steuer 300,00 € – Unfallversicherung (siehe 6.11) ????? € – Vorräteversicherung 175,00 € – Tilgungsrate (siehe Beleg 2) ????? €	1.500,00 €

6.14	Eingangsrechnung: Tischdecken; Rechnungsbetrag brutto.	1.785,00 €
6.15	Banküberweisung der Lagerraummiete, netto.	4.500,00 €
6.16	Bankgutschrift: Überraschend geht eine bereits abgeschriebene Forderung an den Kunden Müßig ein.	238,00 €
6.17	Bankgutschrift: Zinsen für einen dem Kunden Mars gewährten dreimonatigen Zahlungsaufschub.	50,00 €
6.18	Banklastschrift: Überweisung an Relax-Tours für die gebuchte Urlaubsreise nach Spanien.	2.100,00 €
6.19	Ausgangsrechnung (Wolldecken) an den Großabnehmer „Wollmarkt", netto.	138.000,00 €
6.20	Ausgangsrechnung (Bettwäsche), netto.	9.500,00 €

7. Bilden Sie die Buchungssätze für die vorbereitenden Arbeiten zum Jahresabschluss. Folgende Unterlagen haben Sie dafür zur Verfügung:

Bewertung des abnutzbaren Anlagevermögens

7.1 Bereits ermittelte Abschreibungsbeträge aus der Anlagenkartei:

Die Abschreibungen auf Maschinen betragen für den Anfangsbestand laut Anlagenkartei 10.500,00 €. Dazu kommt die Abschreibung auf die neue Verpackungsmaschine (6.3), die Nutzungsdauer beträgt laut AfA-Tabelle 13 Jahre.

Fuhrpark	7.500,00 €
Büromaschinen	2.300,00 €
Büroausstattung	3.700,00 €

7.2 Die Sammelposten sind abzuschreiben. ????? €

Bewertung der Forderungen

7.3 Bewertung der zweifelhaften Forderungen:

Passen Sie die Wertberichtigung für die zweifelhaften Forderungen anhand des Ihnen vorliegenden, aber unvollständigen Rechenblattes an.

Rechenblatt

	A	B	C	D	E
1		Kunde Mager		Kunde Spät	
2					
3	ZWFO brutto		1.785,00 €		3.570,00 €
4	darin USt.	19%	285,00 €	19%	570,00 €
5	ZWFO netto		1.500,00 €		3.000,00 €
6	geschätzter Ausfall	40%	?????	50%	?????

7.4 Bewertung der einwandfreien Forderungen:

Stellen Sie zunächst den aktuellen Forderungsbestand anhand der bisherigen Konteneinträge fest. Das allgemeine Kreditrisiko bei den einwandfreien Forderungen beträgt 1%. Berechnen Sie die notwendige PWB, runden Sie das Ergebnis auf volle Euro auf und passen Sie die bereits vorhandene PWB an.

Schlussbestände laut Inventur

7.5.1	Rohstoffe	15.900,00 €
7.5.2	Hilfsstoffe	6.450,00 €
7.5.3	Betriebsstoffe	2.940,00 €
7.5.4	Handelswaren	4.990,00 €
7.5.5	Unfertige Erzeugnisse	14.310,00 €
7.5.6	Fertigerzeugnisse	33.290,00 €

Daten zur periodengerechten Erfolgsermittlung

7.6.1 Die Quartalszinsen für November, Dezember und Januar für eine kurzfristige Kapitalanlage (Festgeld) wird die Bank vereinbarungsgemäß erst Ende Januar gutschreiben. 300,00 €

7.6.2 Die Leasinggebühren für den Zeitraum vom 01.12. bis 28.02. werden vereinbarungsgemäß erst im Nachhinein entrichtet. Die Rechnung liegt vor. Rechnungsbetrag brutto 2.142,00 €

7.6.3 Die Miete für die Geschäftsräume wurde am 1. Dezember vereinbarungsgemäß für drei Monate im Voraus überwiesen. (siehe Geschäftsfall 6.15, S. 245) ????? €

7.6.4 Die vorliegende Dezemberrechnung über verschiedene Fachzeitschriften ist noch nicht gebucht und wird erst im Januar beglichen. Rechnungsbetrag brutto (7% USt.) 107,00 €

7.6.5 Wegen eines schwebenden Prozesses ist mit Gerichtskosten zu rechnen. 1.600,00 €

Abschluss des Privatkontos

7.7 Wie lautet der Buchungssatz? ????? €

Abschluss der restlichen Unterkonten

7.8 Wie lauten die Buchungssätze? ????? €

8. Buchen Sie nun die von Ihnen erstellten Kontierungsanweisungen für die vorbereitenden Abschlussbuchungen in die T-Konten.

9. Schließen Sie die Konten ab und erstellen Sie das Gewinn- und Verlustkonto und das Schlussbilanzkonto.

10. Die strukturierte, für die Kennzahlenberechnung aufbereitete Bilanz ist noch unvollständig. Berechnen Sie anhand des SBK (siehe 9) die fehlenden Einträge und erstellen Sie auf Ihrem Lösungsblatt eine vollständig aufbereitete Bilanz.

Aktiva aufbereitete Bilanz zum 31. 12. 20.. **Passiva**

I. Anlagevermögen		**I. Eigenkapital**	????? €
Sachanlagen	262.060,00 €	**II. Fremdkapital**	
II. Umlaufvermögen		1. langfristig	????? €
1. Vorräte	????? €	2. kurzfristig	144.979,25 €
2. Forderungen	207.055,40 €		
3. flüssige Mittel	????? €		
Gesamtvermögen	565.849,25 €	Gesamtkapital	????? €

11. Bearbeiten Sie

11.1 Berechnen Sie die Rentabilität des Eigenkapitals.

11.2 Das Eigenkapital hat sich also sehr gut verzinst. Die Eigenkapitalrentabilität beinhaltet aber nicht nur die Verzinsung, sondern auch den Unternehmerlohn und noch eine dritte Größe. Welche Größe ist dies?

11.3 Berechnen Sie die Einzugsliquidität und nehmen Sie dazu Stellung.

12. Betrachten Sie nochmals das Rechenblatt im Arbeitsauftrag 7.3 zu den zweifelhaften Forderungen. Welche Formeln wären zur Berechnung der Beträge in den Zellen (Feldern) C6 und E6 einzugeben gewesen?

13. Beantworten Sie

13.1 Welchem Konto entnehmen Sie das Gesamtergebnis und wie hoch ist es?

13.2 Das Betriebsergebnis weicht vom Gesamtergebnis ab. Nennen Sie mindestens zwei mögliche Ursachen hierfür.

14. Ermitteln Sie die Selbstkosten für eine Kaschmirdecke anhand dieser Kalkulationsunterlagen:

Fertigungsmaterial	25,00 €
Fertigungslöhne	12,00 €
Materialgemeinkostensatz	20%
Fertigungsgemeinkostensatz	125%
Verwaltungs- und Vertriebsgemeinkostensatz	15%

15. Dem Beleg Nr. 4 können Sie entnehmen, zu welchem Nettoverkaufspreis eine Kaschmirdecke verkauft wird. Berechnen Sie den Stückgewinn in € und in %.

Lösung 235

Lösung 235 (Fortsetzung)

Lösung 235 (Fortsetzung)

Lösung 235 (Fortsetzung)

Lösung 235 (Fortsetzung)

S 0700 MA H

S 0840 FP H

S 0860 BM H

S 0870 BA H

S 0895 SP H

S 2000 R H

S 2020 H H

S 2030 B H

S 2100 UFE H

S 2200 FE H

S 2280 HW H

S 2400 FO H

S 2470 ZWFO H

S 2600 VORST H

S 2690 SOFO H

S 2800 BK H

Lösung 235 (Fortsetzung)

S 2880 KA H

S 2900 ARA H

S 3000 EK H

S 3001 P H

S 3670 EWB H

S 3680 PWB H

S 3900 SORST H

S 4250 LBKV H

S 4400 VE H

S 4800 UST H

S 4830 VFA H

S 4840 VSV H

S 4890 SOVE H

S 5000 UEFE H

Lösung 235 (Fortsetzung)

S 5001 EBFE H

S 5100 UEHW H

S 5200 BV H

S 5450 EAWB H

S 5495 EFO H

S 5710 ZE H

S 6000 AWR H

S 6001 BZKR H

S 6002 NR H

S 6020 AWH H

S 6030 AWB H

S 6080 AWHW H

S 6200 L H

S 6300 G H

S 6400 AGASV H

S 6420 BBG H

S 6520 ABSA H

S 6545 ABSP H

S 6700 AWMP H

S 6710 LS H

S 6770 RBK H

S 6800 BMK H

S 6810 ZFL H

S 6820 PUK H

S 6900 VBEI H

Lösung 235 (Fortsetzung)

S 6950 ABFO H

S 7030 KFZST H

S 8020 GUV H

S 8010 SBK H

Aufgabe 236

Als Mitarbeiterin/Mitarbeiter in der Rechnungswesenabteilung des Unternehmens MOTOREL, Elektromotoren in Nürnberg, haben Sie verschiedene Fälle zu bearbeiten. Hierbei sind von Ihnen folgende Vorgaben zu beachten:

- Bei Buchungssätzen sind stets Kontennummern, Kontennamen (abgekürzt möglich) und Beträge anzugeben.
- Soweit nicht anders vermerkt, gilt ein Umsatzsteuersatz von 19%.
- Alle Ergebnisse sind auf zwei Dezimalstellen genau anzugeben.

Fall 1

Es liegen Ihnen diese beiden Belege vor:

Beleg 1

MOTOREL
ELEKTROMOTOREN
Industriestraße 26 · 90441 Nürnberg
Telefon: 0911 586424 · Telefax: 0911 586445
E-Mail: service@motorel.xyz · Internet: www.motorel.xyz

MOTOREL · Industriestraße 26 · 90441 Nürnberg

Spielwarenfabrik
Ewald Märklich
Gleisstraße 7
04209 Leipzig

04. November 20..

RECHNUNG Nr. 3467
Auftrag vom 07. Oktober 20..

Wir sandten auf Ihre Rechnung und Gefahr per Lkw am 03. November 20..

Position	Artikel	Menge/ Stück	Einzelpreis EUR	Gesamtpreis EUR
1	Spielzeugmotoren SM 45/12 V/15 W Bestell-Nr. 45-344	500	12,00	6.000,00
2	Gleichstrom-Kleinstmotoren 12 V/4 Bestell-Nr. 25-356	800	25,00	20.000,00

	26.000,00
– 5% Sonderrabatt	1.300,00
	24.700,00
+ Umsatzsteuer 19%	4.693,00
Rechnungsbetrag	**29.393,00**

Vielen Dank für Ihren Auftrag.

Zahlbar innerhalb von 30 Tagen. Bei Bezahlung innerhalb von 8 Tagen 2% Skonto.
Die gelieferte Ware bleibt bis zur vollständigen Bezahlung unser Eigentum.
Bankverbindung: Stadtbank Nürnberg · BLZ 760 540 38 · Kontonummer: 2507450
Inhaber: Wolfgang Wittmann e. Kfm · Amtsgericht Nürnberg HRA 8177 · USt-IdNr. DE831579372 · Steuer-Nr. 9238/260/46501

Beleg 2

Kontoauszug Kontonummer: 987654 Auszug: 214 **Handelsbank Nürnberg**
IBAN DE72346800000000987654 Datum: 12. 11. 20.. Blatt: 01
BIC HABNDEFF

Vorgang/Buchungsinformation	Buchung	Valuta	Umsatz in Euro
– Gutschrift Kunde E. Märklich, Leipzig für Rechnungs-Nr. 3467	12. 11.	12. 11.	28.805,14 +

Handelsbank Nürnberg · D-90441 Nürnberg
Fa.
MOTOREL
Industriestraße 26
90441 Nürnberg

Zahlungseingänge	EUR	28.805,14 +
Zahlungsausgänge	EUR	0,00 –
Alter Kontostand	EUR	79.462,34 +
Neuer Kontostand	EUR	108.267,48 +

Postanschrift: Handelsbank Nürnberg 90441 Nürnberg
Direkt-Service: Tel.: 0911 603020 · Telefon-Banking: Tel.: 0810 500450 · Erreichbarkeit: 7x24 Stunden
Telefax: 0911 603060 · E-Mail: info@handelsbank.xyz · Internet: http://www.handelsbank.xyz
Bankleitzahl 346 800 00

1. Beantworten Sie zur Rechnung vom 04. 11. 20.. folgende Fragen:

1.1 Welche Bedeutung haben die in der Rechnung enthaltenen Informationen?
- Umsatzsteueridentifikationsnummer
- HRA

1.2 Bis zu welchem Tag muss die Firma Märklich den Rechnungsbetrag beglichen haben, wenn sie Skonto in Anspruch nehmen will?

1.3 Bis zu welchem Tag muss die Rechnung spätestens beglichen sein?

1.4 Wurde „ab Werk“ oder „frei Haus“ geliefert? Aufgrund welcher Information in der Rechnung sind Sie zu Ihrer Entscheidung gelangt?

1.5 Der Firma Märklich wurden 5% Rabatt und 2% Skonto zugestanden.
Begründen Sie, dass die Aussage: „Es wurde insgesamt ein Nachlass von 7% gewährt“ nicht korrekt ist.

2. Bilden Sie den Buchungssatz für die Ausgangsrechnung (siehe Beleg 1).

3. Bilden Sie den Buchungssatz für den Zahlungseingang (siehe Beleg 2).

4. Mit wie viel Prozent Gewinn kann MOTOREL beim Gleichstrom-Kleinstmotor 12V/4W, Bestellnummer 25-356, rechnen, wenn die Selbstkosten pro Stück mit 19,00 € kalkuliert wurden?

Lösung 236 / Fall 1

Lösung 236 / Fall 1 (Fortsetzung)

Fall 2

Im Unternehmen MOTOREL wurde eine Erweiterungsinvestition vorgenommen. Dabei sind u. a. diese beiden Belege angefallen:

Beleg 1

WERKZEUGMASCHINENBAU
MARKUS WOLF GmbH

Zahnradstraße 1 • 85051 Ingolstadt
Telefon: 0841 356010 • Telefax: 0841 356015
E-Mail: info@wolf.xyz • Internet: www.wolf.xyz

MARKUS WOLF GmbH • Zahnradstraße 1 • 85051 Ingolstadt

Firma
MOTOREL
Industriestraße 26
90441 Nürnberg

Datum: 02. Februar 20..

RECHNUNG Nr. 7890

Auftragsnummer: 453/15

Wir lieferten auf Ihre Rechnung am 01. Februar 20..

Position	Artikel/Leistung	Menge	Einzelpreis EUR	Gesamtpreis EUR
1	Tiefziehpresse TZP 45/89 Standardausführung	1	180.000,00	180.000,00
2	Automatische Materialzuführung nach Ihren Angaben	1	10.000,00	10.000,00
3	Fracht			3.500,00
4	Montage und Inbetriebsetzung			6.000,00
5	Transportversicherung			500,00

	200.000,00
+ Umsatzsteuer 19%	38.000,00
Rechnungsbetrag	238.000,00

Vielen Dank für Ihren Auftrag.

Die Rechnung ist zur sofortigen Zahlung fällig.
Ohne eine weitere Zahlungsaufforderung tritt nach 30 Tagen Verzug ein (§ 286 Abs. 2 BGB).
Geschäftsführer: Markus Wolf • Sitz der Gesellschaft: 85051 Ingolstadt • Amtsgericht Ingolstadt HRB 6577
Bankverbindung: Wirtschaftsbank Ingolstadt • BLZ 806 550 00 • Kontonummer: 765432
USt-IdNr. DE312889714 • Steuer-Nr. 9124/175/86221

Beleg 2

HEINZ MÖRTEL GmbH
BAUUNTERNEHMUNG

Kiesstraße 2 · 91056 Erlangen
Telefon: 0931 930610 · Telefax: 0931 930620
E-Mail: info@moertel.xyz · Internet: http://www.moertel.xyz

HEINZ MÖRTEL GmbH · Kiesstraße 1 · 91056 Erlangen

Firma
MOTOREL
Industriestraße 26
90441 Nürnberg

RECHNUNG
Rechnungsnummer: 00761
Kundennummer: 2176
Leistungsdatum: 16. Februar 20..

Erlangen, 17. Februar 20..

Wir bedanken uns für Ihren Auftrag vom 04. Januar 20.. (Auftragsnummer 3351) und berechnen Ihnen mit dieser Rechnung:

POSITION	LEISTUNG	PREIS
	Fundament für die Tiefziehpresse TZP 45/89 nach Plänen der Hersteller-Firma erstellt.	
01	Aushub	4.600,00 Euro
02	Betonierarbeiten einschließlich Material	13.400,00 Euro
		18.000,00 Euro
	+ Umsatzsteuer 19%	3.420,00 Euro
	Rechnungsbetrag	**21.420,00 Euro**

Wir erbitten die Zahlung innerhalb von 14 Tagen nach Rechnungsdatum rein netto Kasse.
Bankverbindung: Allgemeinbank Erlangen · BLZ 356 789 00 · Kontonummer: 357961
Geschäftsführer: Heinz Mörtel · Amtsgericht Erlangen HRB 3559
USt-IdNr. DE237115607 · Steuer-Nr. 9216/162/45172

1. Was bedeutet
1.1 im Beleg 1 der Hinweis auf den § 286 Abs. 2 BGB?
1.2 im Beleg 2 der Hinweis: „... rein netto Kasse"?

2. Bilden Sie die Buchungssätze
2.1 für die Eingangsrechnung vom 02. 02. 20.. (Beleg 1)
2.2 für die Eingangsrechnung vom 17. 02. 20.. (Beleg 2)
2.3 für die Banküberweisung am 14. 02. 20.. (Beleg 1)
2.4 für die Banküberweisung am 01. 03. 20.. (Beleg 2)

3. Mit welchen Anschaffungskosten wurde die neue Tiefziehpresse aktiviert?

4. Die Tiefziehpresse hat eine voraussichtliche Nutzungsdauer von 16 Jahren.
4.1 Berechnen Sie den Abschreibungssatz.
4.2 Erstellen Sie den Abschreibungsplan für die ersten vier Jahre.
4.3 Wie viel Prozent wurden in den ersten vier Jahren abgeschrieben?
4.4 Erstellen Sie für diese ersten vier Jahre eine Präsentationsgrafik, aus der die Anschaffungskosten, die jeweilige jährliche Abschreibung und die entsprechenden Restbuchwerte ersichtlich werden.

5. Diese Investition wurde durch Eigenmittel und durch Aufnahme eines Investitionsdarlehens von 96.000,00 €, das zu 4,5% zu verzinsen und in sechs gleichen Jahresraten zu tilgen ist, finanziert. (Informieren Sie sich über das Internet über die aktuellen Zinssätze für Investitionsdarlehen.)
5.1 Handelt es sich um ein Abzahlungsdarlehen (bzw. Tilgungsdarlehen), um ein Annuitätendarlehen oder um ein Festdarlehen? Begründen Sie Ihre Entscheidung.

5.2 Erstellen Sie einen Tilgungsplan für das Darlehen nach folgendem Muster:

Jahr	Darlehen	Tilgung	Zinsen	Gesamtzahlung
1	96.000,00 €	16.000,00 €	4.320,00 €	20.320,00 €
?????	?????	?????	?????	?????

5.3 Bilden Sie den Buchungssatz anhand dieses Kontoauszugs:

Kontoauszug Kontonummer: 987654 Auszug: 298 **Handelsbank Nürnberg**
IBAN DE72346800000000987654 Datum: 31. 12. 20.. Blatt: 01
BIC HABNDEFF

Vorgang/Buchungsinformation	Buchung	Valuta	Umsatz in Euro
Lastschrift Investitionsdarlehen Nr. 4567/96 Abrechnung 1. Jahr Tilgung 16.000,00 Euro Zinsen 4.320,00 Euro	12. 11.	12. 11.	20.320,00 –

Handelsbank Nürnberg · D-90441 Nürnberg
Fa.
MOTOREL
Industriestraße 26
90441 Nürnberg

Zahlungseingänge	EUR	0,00 +
Zahlungsausgänge	EUR	20.320,00 –
Alter Kontostand	EUR	149.612,50 +
Neuer Kontostand	EUR	129.292,50 +

Postanschrift: Handelsbank Nürnberg 90441 Nürnberg
Direkt-Service: Tel.: 0911 603020
Telefon-Banking: Tel.: 0810 500450
Erreichbarkeit: 7x24 Stunden
Telefax: 0911 603060
E-Mail: info@handelsbank.xyz
Internet: http://www.handelsbank.xyz
Bankleitzahl 346 800 00

Lösung 236 / Fall 2

Lösung 236 / Fall 2 (Fortsetzung)

Fall 3

Es liegt Ihnen die Summenzeile der Gehaltsliste für den Monat März vor:

Zeile	Angaben	
1	Steuerpflichtige Bruttogehälter	139.400,00 €
2	Lohnsteuer einschl. Solidaritätszuschlag	26.560,00 €
3	Kirchensteuer (rk und ev)	1.965,00 €
4	Arbeitnehmeranteil zur Sozialversicherung	28.995,20 €
5	Nettogehälter	81.879,80 €
6	Arbeitgeberanteil zur Sozialversicherung	27.740,60 €

1. Bilden Sie den Buchungssatz am 31. 03. für die Auszahlung der Gehälter durch Banküberweisung und für den Arbeitgeberanteil.

2. Bilden Sie die Buchungssätze am 10. 04.

2.1 für die Banküberweisung der Steuerabzüge an das Finanzamt,

2.2 für die Banküberweisung der Sozialversicherungsbeiträge an die AOK und die betroffenen Ersatzkassen.

3. Berechnen Sie in Prozent der steuerpflichtigen Bruttogehälter

3.1 die durchschnittlich einbehaltene Lohnsteuer (einschl. Solidaritätszuschlag),

3.2 die abgeführten Beiträge zur Sozialversicherung.

4. Die gesetzliche Unfallversicherung gehört zu den Personalzusatzkosten.

4.1 Wer muss die Beiträge zur Unfallversicherung bezahlen?

4.2 Wie heißen die Empfänger der Versicherungsbeiträge?

4.3 Warum muss ein Fertigungsunternehmen in vielen Fällen mehr Versicherungsbeiträge bezahlen als ein Dienstleistungsunternehmen (z. B. ein Kreditinstitut) mit gleicher Beschäftigtenzahl?

4.4 Bilden Sie den Buchungssatz, wenn der Beitragsbescheid der Berufsgenossenschaft vorliegt (1.400,00 €).

4.5 Bilden Sie den Buchungssatz, wenn diese Unfallversicherung (4.4) per Bank an die Berufsgenossenschaft überwiesen wird (1.400,00 €).

5. Personalzusatzkosten werden auch als Lohnnebenkosten bezeichnet.

5.1 Begründen Sie, warum die Bezeichnung *„...nebenkosten"* heutzutage eigentlich unzutreffend ist.

5.2 Nennen Sie Beispiele für gesetzliche, tarifliche und freiwillige Personalzusatzkosten für das Unternehmen.

5.3 Nennen Sie mögliche Gründe, warum manche Unternehmen ihren Mitarbeitern Essenszuschüsse bezahlen oder eine Kantine anbieten, andere Unternehmen dagegen nicht.

5.4 Informieren Sie sich im Internet über den aktuellen Stand zur Höhe der Personalzusatzkosten.

Lösung 236 / Fall 3

Fall 4

Der Sachbearbeiter für die Kosten- und Leistungsrechnung Ihres Unternehmens MOTOREL bittet Sie um Ihre Mitarbeit.

1. Entscheiden Sie anhand der folgenden Liste, welchen Kostenstellen die folgenden Gemeinkosten zuzuordnen sind:
1.1 Lohn für den Meister in der Fertigung
1.2 Stromverbrauch in der Produktion
1.3 Leasinggebühren für den Pkw des Geschäftsführers
1.4 Hilfsstoffverbrauch zur Reparatur eines Regals im Kupferdrahtlager
1.5 Löhne für die Arbeiter im Materiallager
1.6 Stromverbrauch in der Registratur
1.7 Gehalt für den Sachbearbeiter in der Abteilung Kostenrechnung
1.8 Aufwendungen für den Kauf eines neuen Finanzbuchhaltungsprogramms
1.9 Kalkulatorische Abschreibung auf die Fertigungshalle
1.10 Gehalt für den Programmierer einer CNC-Maschine
1.11 Aufwendungen für Verpackungsmaterial
1.12 Aufwendungen für Büromaterial

2. Werten Sie bitte die folgenden Zahlen aus der Kostenrechnung aus:

Materialgemeinkosten	72.000,00 €
Materialkosten	163.000,00 €
Fertigungskosten	426.000,00 €
Fertigungsgemeinkostenzuschlag	140%
Verwaltungsgemeinkostenzuschlag	8%
Anfangsbestand bei den fertigen Erzeugnissen	62.500,00 €
Schlussbestand bei den fertigen Erzeugnissen	44.800,00 €

2.1 Berechnen Sie die Bestandsveränderung bei den fertigen Erzeugnissen.
2.2 Bilden Sie den Buchungssatz für diese Bestandsveränderung.
2.3 Ermitteln Sie den Materialverbrauch.
2.4 Berechnen Sie den Materialgemeinkostenzuschlagssatz.
2.5 Berechnen Sie die Fertigungslöhne.
2.6 Berechnen Sie die Verwaltungsgemeinkosten in €.

3. Entscheiden Sie, welche der folgenden Aussagen zur Kostenstellenrechnung richtig ist:
3.1 In der Kostenstellenrechnung wird das Betriebsergebnis berechnet.
3.2 Die Kostenstellenrechnung trennt betriebsbezogene von den betriebsfremden Aufwendungen.
3.3 In der Kostenstellenrechnung werden die Gemeinkosten für die einzelnen Betriebsabteilungen ermittelt.
3.4 In der Kostenstellenrechnung werden die Verkaufspreise für die Fertigerzeugnisse berechnet.
3.5 In der Kostenstellenrechnung werden alle Kostenarten verteilt.

4. Der Sachbearbeiter legt Ihnen Zahlen der Vor- und Nachkalkulation eines Kleinelektromotors vor. Berechnen Sie die Differenzen und geben Sie an, ob eine Über- oder Unterdeckung vorliegt.

	Normal-Kosten	Ist-Kosten
Fertigungsmaterial	5,00 €	4,90 €
Materialgemeinkosten	20%	20%
Fertigungslöhne	3,40 €	3,70 €
Fertigungsgemeinkosten	150%	150%
Herstellkosten	?????	?????
Verwaltungsgemeinkosten	4%	4%
Vertriebsgemeinkosten	2%	2%
Selbstkosten	?????	?????

Lösung 236 / Fall 4

Fall 5

Dem Kontoauszug Nr. 298 (siehe Fall 2, Arbeitsauftrag 5.3) ist zu entnehmen, dass MOTOREL zu diesem Zeitpunkt über ein nicht unbeträchtliches Guthaben verfügte.
Die Geschäftsleitung beschloss daher, etwa 80.000,00 € für 9 Monate ertragsgünstig anzulegen. Die Handelsbank machte dazu zwei Vorschläge:

Vorschlag 1

80.000,00 € Festgeldanlage zu 2,50%.

Vorschlag 2

Kauf von 1 690 Electron-Aktien zum Stückkurs von 46,90 €, Kaufspesen 1% vom Kurswert. Nach 9 Monaten könne mit einem Kursgewinn von 5,00 € pro Aktie gerechnet werden. Dividendenzahlungen seien in diesem Zeitraum nicht zu erwarten.

Die Geschäftsleitung entschied sich für das Aktiengeschäft.

1. Bilden Sie die Buchungssätze
1.1 für den Kauf der Aktien,
1.2 für den Verkauf der Aktien, wenn die Aktien nach 9 Monaten zum Kurs von 48,90 € verkauft wurden. (Verkaufsspesen 1% vom Kurswert).
2. Berechnen Sie die effektive Verzinsung des Aktiengeschäfts.
3. Überprüfen Sie nachträglich, ob die Entscheidung für die Anlage in Aktien richtig war und begründen Sie dies rechnerisch.
4. Mit welcher effektiven Verzinsung rechnete die Geschäftsleitung bei ihrer damaligen Entscheidung für den Aktienerwerb?
Welches Risiko nahm sie damals bewusst in Kauf?

Lösung 236 / Fall 5

Fall 6

Ihnen liegt das Konto 6000 AWR zur Auswertung vor:

Soll		6000 AWR	Haben
1. 4400 VE	185.600,00	3. 4400 VE	2.700,00
2. 4400 VE	14.900,00	6. 6002 NR	900,00
4. 4400 VE	42.500,00	7. 2000 R	4.000,00
5. 6001 BZKR	3.600,00	8. 8020 GUV	239.000,00
	246.600,00		246.600,00

1. Wie hoch ist der Rohstoffverbrauch?
2. Welcher Buchungssatz lag der Buchung Nr. 5 zugrunde?
3. Welcher Buchungssatz lag der Buchung Nr. 6 zugrunde?
4. Um welche Art der Buchungen handelt es sich bei den Nrn. 5 und 6?
5. Welche Art der Bestandsveränderung wurde bei der Buchung Nr. 7 gebucht? Wie lautete der Buchungssatz? Um welche Buchungsart handelt es sich?
6. Welcher Buchungssatz lag der Buchung Nr. 8 zugrunde?
7. Berechnen Sie den Zuschlagssatz für die Materialgemeinkosten, wenn diese 35.850,00 € betragen.
8. Die Herstellkosten der Erzeugung betragen 890.000,00 €, die Herstellkosten des Umsatzes 990.000,00 €. Bei den fertigen Erzeugnissen liegt ein Mehrbestand von 50.000,00 € vor. Berechnen Sie Art und Höhe der Bestandsveränderung bei den unfertigen Erzeugnissen.
9. Berechnen Sie die Selbstkosten, wenn der Verwaltungsgemeinkostenzuschlag 4% beträgt und die Vertriebsgemeinkosten 16.400,00 € ausmachen.

Lösung 236 / Fall 6

Fall 7

MOTOREL hat auch ein Zweigwerk mit eigener Verwaltung und gesondertem Vertrieb in Niederösterreich. Dort werden lediglich zwei Spezialelektromotoren vor allem für den ost- und südosteuropäischen Markt produziert. Die Kalkulation wird mithilfe der Teilkostenrechnung durchgeführt. Sie erhalten folgende Übersicht für den Monat Oktober und sollen sich über die wirtschaftliche Situation des Zweigbetriebes äußern.

	Modell „Wolga-Hightec“	Modell „Moldau“
Nettoverkaufspreis/Stück	115,00 €	75,00 €
Variable Kosten/Stück	54,00 €	38,00 €
Fixkosten	280.000,00 €	
Kapazität	11 000 Stück	
Produktion im Monat Oktober	2 000 Stück	4 000 Stück
Noch freie Kapazität	2 000 Stück	????? Stück

7.1 In welchen Staaten Europas befinden sich die potenziellen Kunden?

7.2 Berechnen Sie das Betriebsergebnis (Gewinn oder Verlust).

7.3 Das unbefriedigende Betriebsergebnis könnte seine Ursache in der zu geringen Kapazitätsauslastung haben.

7.3.1 Berechnen Sie die noch freie Kapazität beim Modell „Moldau“ in Stück und in Prozenten.

7.3.2 Zu wie viel Prozent ist die Kapazität von Modell „Wolga-Hightec“ ausgelastet?

7.3.3 Nennen Sie andere mögliche Ursachen für das unbefriedigende Betriebsergebnis.

7.4 Es sind die Preisuntergrenzen zu untersuchen.

7.4.1 Bestimmen Sie die kurzfristige Preisuntergrenze für beide Modelle.

7.4.2 Berechnen Sie die langfristige Preisuntergrenze für Modell „Wolga-Hightec“ anhand der Zahlen für den Monat Oktober.

7.4.3 Berechnen Sie die langfristige Preisuntergrenze für Modell „Moldau“ anhand der Zahlen für den Monat Oktober.

7.4.4 Berechnen Sie den notwendigen Gewinnschwellenumsatz.

7.5. Ein tschechischer Großabnehmer wäre bereit, im November 2 000 Stück vom Modell „Moldau“ abzunehmen, wenn er auf den Nettoverkaufspreis einen Großkundenrabatt von 25,00 € erhielte. Produktionstechnisch wäre dieser Auftrag problemlos abzuwickeln. Produktion und Absatz von Modell „Wolga-Hightec“ würden unverändert bleiben.

7.5.1 Wie viel Prozent Rabatt würde der Großabnehmer erhalten?

7.5.2 Begründen Sie rechnerisch, dass dieser Auftrag selbstverständlich angenommen wird und ermitteln Sie das mögliche Betriebsergebnis für den Monat November.

7.6 Die Unternehmensleitung erwägt im Hinblick auf die Erweiterung der Europäischen Union ein weiteres Zweigwerk in einem ost- bzw. südosteuropäischen Staat zu errichten. Für diese Standortwahl bedarf es aufwendiger Untersuchungen. Ihnen liegt folgendes Arbeitspapier vor:

MOTOREL

Geschäftsbereich: Unternehmensleitung

Interne Mitteilung an die Abteilungen:

1. Finanzierung
2. Produktionsplanung
3. Personalverwaltung
4. Rechnungswesen

Die Erweiterung der EU zwingt uns, unser Ost- und Südosteuropageschäft neu zu strukturieren. Es ist beabsichtigt, neben Deutschland und Österreich einen weiteren Produktionsstandort in einem dieser Staaten auszuwählen. Für diese Investitionsentscheidung benötigen wir möglichst präzise Informationen.

Bitte untersuchen Sie folgende **Standortfaktoren** und geben Sie eine **Bewertung** ab:

Lohnkosten
Infrastruktur
Mitarbeitermotivation
Energiepreise
Produktivität
Leistungsbereitschaft
Arbeitsgesetze
Geltende Tarifverträge
Ausbildungsniveau
Arbeitsmoral

Termin: Vorlage bei der Unternehmensleitung 30. 11. 20..

7.6.1 Erklären Sie den Unterschied zwischen einer Erweiterungs- und Ersatzinvestition.

7.6.2 Erklären Sie die Begriffe „Infrastruktur“ und „Produktivität“.

7.6.3 Welche Abteilung wird die Informationen über die Arbeitsgesetze und Tarifverträge liefern?

7.6.4 Aus welchen Konten der Geschäftsbuchführung können Sie Informationen über die Lohnkosten erhalten?

7.6.5 Nennen Sie mögliche Maßnahmen für die Erhöhung der Mitarbeitermotivation.

7.6.6 Bei den Standortfaktoren unterscheidet man im Allgemeinen zwischen „harten" und „weichen" Faktoren. Erstellen Sie eine Tabelle und ordnen Sie die im Arbeitspapier genannten Standortfaktoren diesen beiden Begriffen zu.

Lösung 236 / Fall 7

Lösung 236 / Fall 7 (Fortsetzung)

Fall 8

Eigentlich wollten Sie schon immer wissen, wie erfolgreich MOTOREL das letzte Geschäftsjahr abgeschlossen hat. Leider ist Ihnen die Gewinn- und Verlustrechnung des Unternehmens, der Sie den Jahresüberschuss (Reingewinn) des Unternehmens entnehmen könnten, nicht zugänglich. Der Leiter der Abteilung Rechnungswesen legt Ihnen jedoch eine Denksportaufgabe vor:

„Lösen Sie diese Aufgabe, und Sie wissen, wie erfolgreich wir gewirtschaftet haben. Dazu erhalten Sie sieben Informationen zum Jahresabschluss des Vorjahres (Bilanz zum 31. 12.). Ermitteln Sie anhand dieser Informationen den im letzten Geschäftsjahr erwirtschafteten Reingewinn unseres Unternehmens."

Information 1:
Das Anlagevermögen war doppelt so groß wie das Umlaufvermögen.

Information 2:
Das Gesamtkapital war viermal so groß wie das Eigenkapital.

Information 3:
Die Eigenkapitalrentabilität betrug $16\frac{2}{3}$%.

Information 4:
Die Privatentnahmen im Vorjahr betrugen 5% des langfristigen Fremdkapitals.

Information 5:
Die Einzugsliquidität betrug 80%.

Information 6:
Im Umlaufvermögen waren flüssige Mittel und Forderungen in Höhe von 180.000,00 € enthalten.

Information 7:
Das restliche Umlaufvermögen machte 600.000,00 € aus.

Lösung 236 / Fall 8

Lösung 236 / Fall 8 (Fortsetzung)

Fall 9

Für den Auszubildenden im ersten Ausbildungsjahr haben Sie eine Suchaufgabe entworfen, die Sie jetzt nochmals auf ihre Richtigkeit überprüfen werden.

Suchaufgabe:

Für folgende Geschäftsfälle ist in 11 Fällen das jeweils betroffene Erfolgskonto und in 2 Fällen das jeweilige Bestandskonto zu suchen. Die Anfangsbuchstaben der gefundenen Konten ergeben in der Reihenfolge 1 bis 13 einen Fachbegriff im Zusammenhang mit Forderungen und Verbindlichkeiten.

1. Banklastschrift der Miete für einen Lagerplatz
2. Eine Forderung wird endgültig uneinbringlich
3. Eröffnung des Kontos Hilfsstoffe
4. Nachträgliche Bonusgutschrift des Hilfsstofflieferers
5. Ein gebrauchter Lieferwagen wird unter dem Buchwert verkauft
6. Eine bereits abgeschriebene Forderung geht unerwartet ein
7. Eingangsrechnung des Reisebüros: Flugticket nach Bukarest
8. Eingangsrechnung: Reparatur einer defekten Maschine
9. Die Sammelposten sind mit 20% abzuschreiben
10. Abschluss des Kontos Hilfsstoffe
11. Eingang der Rechnung des Steuerberaters
12. Die pauschale Wertberichtigung wird herabgesetzt
13. Banküberweisung an den Rohstofflieferer und Abzug von 2% Skonto

Lösung 236 / Fall 9

1. ______

2. ______

3. ______

4. ______

5. ______

6. ______

7. ______

8. ______

9. ______

10. ______

11. ______

12. ______

13. ______

Lösungswort: ______

Fall 10

Ein Mitarbeiter Ihres Unternehmens bittet Sie telefonisch, ihm **sofort** die ungefähren Summen der Aufwendungen des Vormonats in den Kontengruppen 67 und 69 zu nennen. Sie öffnen die Datei Ihres Tabellenkalkulationsprogramms und erhalten folgende Informationen am Bildschirm:

	A	B	C
1	Kontensummen des Vormonats		
2	6700	AWMP	3.580,00 €
3	6710	LS	485,70 €
4	6730	GEB	157,80 €
5	6750	KGV	97,60 €
6	6770	RBK	468,00 €
7	6900	VBEI	178,24 €
8	6920	BWB	93,00 €
9	6930	VSF	494,77 €
10	6950	ABFO	296,96 €
11	6960	VAVG	400,00 €
12	6990	PFAW	125,00 €
13	Summe		?????

Durch eine offenbar falsche Eingabe der Summenformel können Sie die Gesamtsumme nicht sofort ablesen. Für die Berichtigung der Eingabe fehlt die Zeit.

1. Welchen geschätzten Gesamtbetrag (Summe aller Konten) nennen Sie dem Mitarbeiter?
2. Welche geschätzte Summe der Kontengruppe 67 nennen Sie?
3. Leider haben Sie auch vergessen, diejenigen Konten, deren Summen nicht im Betriebsabrechnungsbogen erscheinen, anders zu formatieren. Welche Konten nennen Sie dem Mitarbeiter auf seine Nachfrage?

Lösung 236 / Fall 10

1. Meine Schätzung: ______

2. Meine Schätzung: ______

3. Folgende Kontennummern erscheinen nicht im BAB: ______

______

Fall 11

Ihr Ausbildungsleiter hat für den betrieblichen Unterricht ein Arbeits- und Informationsblatt entworfen. Beim Formatieren sind ihm leider die Zeilen der Tabelle durcheinandergeraten.

1. Er bittet Sie, dies wieder in Ordnung zu bringen. Bevor Sie an den PC gehen, sortieren Sie bitte gedanklich die zusammengehörigen Spalten.
2. Er bemerkt, dass Ihnen das Zuordnen Spaß macht und beauftragt Sie daher, am PC ein zweites Arbeitsblatt mit ebenfalls 11 Aussagen zum Fach BwR zu entwerfen. Dabei sollen auch Sie die Sätze durcheinander würfeln und das Arbeitsblatt Ihrer Azubi-Gruppe zum Lösen vorlegen.

1. Die Kreditwürdigkeit eines Unternehmens wird vom Kreditinstitut geprüft. Dabei prüft es diverse Unterlagen.	A Es wird von der Bank ein bestimmter Betrag eingeräumt, über den der Kunde ohne Formalitäten, allerdings nicht kostenlos, verfügen kann.
2. Mindestens einmal im Jahr treffen sich die Aktionäre zur Hauptversammlung.	B Da er Kosten beinhaltet, ist er immer höher als der Nominalzins.
3. Im Privatbereich spielt der Dispositionskredit, im geschäftlichen Bereich der Kontokorrentkredit eine wichtige Rolle.	C Das eine beinhaltet die Werte der Geschäftsbuchführung, die andere die Werte der Inventur.
4. Möchte man die Zinssätze verschiedener Banken vergleichen, muss man auf den effektiven Zinssatz achten.	D Geprüft werden vor allem der Jahresabschluss (Bilanz und Gewinn- und Verlustrechnung), aber auch Auftragsbestände, Zahlungsmoral der Kunden usw.
5. Bewegliche, abnutzbare und selbstständig nutzbare Wirtschaftsgüter des Anlagevermögens, deren Anschaffungs- oder Herstellkosten netto mehr als 150,00 Euro, aber nicht mehr als 1.000,00 Euro betragen, müssen jeweils jährlich zu einem Sammelposten zusammengefasst werden.	E Ihre Bildung mindert das Gesamtergebnis. Sie dürfen nur aufgelöst werden, soweit der Grund hierfür entfallen ist.
6. Der begriffliche Unterschied zwischen Schlussbilanz und Schlussbilanzkonto ist ja bekannt.	F Durch die dort vorgenommene Verteilung der Gemeinkosten lassen sich Gemeinkostenzuschlagssätze errechnen.
7. Rückstellungen sind für ungewisse Verbindlichkeiten und für drohende Verluste zu bilden.	G Unternehmen mit hohen Gewinnen können daher vom Staat nicht eine Sonderbehandlung fordern.
8. Die Kostenstellenrechnung wird mithilfe des Betriebsabrechnungsbogens durchgeführt.	H Er ist über fünf Jahre mit jeweils 20% am Ende des Geschäftsjahres abzuschreiben.
9. Steuern sind öffentliche Zwangsabgaben, denen keine spezifische Gegenleistung gegenübersteht.	I Daneben sind der Vorstand und der Aufsichtsrat Organe einer Aktiengesellschaft.
10. Im Kalkulationsschema ist der Gewinn zu berechnen.	J Man unterscheidet Zusatzkosten von Anderskosten.
11. Kalkulatorische Kosten werden eigens für die Kostenrechnung ermittelt.	K Berechnungsgrundlage hierfür ist der Selbstkostenpreis.

Lösung 236 / Fall 11

Linke Spalte 1 gehört zur rechten Spalte __________

Linke Spalte 2 gehört zur rechten Spalte __________

Linke Spalte 3 gehört zur rechten Spalte __________

Linke Spalte 4 gehört zur rechten Spalte __________

Linke Spalte 5 gehört zur rechten Spalte __________

Linke Spalte 6 gehört zur rechten Spalte __________

Linke Spalte 7 gehört zur rechten Spalte __________

Linke Spalte 8 gehört zur rechten Spalte __________

Linke Spalte 9 gehört zur rechten Spalte __________

Linke Spalte 10 gehört zur rechten Spalte __________

Linke Spalte 11 gehört zur rechten Spalte __________

6 Anwendungsbezogenes Arbeiten

6.1 CIM

Aufgabe 237

Aus der Schülerzeitung

CIM

Der Computer ist genauer

Moderne Elektronik ersetzt den Zeichenstift

Stefanie Bauer Holzbau Rosenheim, informierte die 10. Klasse einer Realschule bei einer Betriebserkundung über modernste Fertigungsverfahren. Gartenmöbel werden immer stärker mithilfe von Computern hergestellt. Das Schlagwort lautet **CIM**. Die Abkürzung steht für **C**omputer **I**ntegrated **M**anufacturing. Es bedeutet so viel wie computerunterstützte Fertigung. Rechner zeichnen und produzieren. Nur für die ersten Entwürfe werden Skizzen mit Kreide angefertigt. Die Modelle werden grafisch auf dem Bildschirm konstruiert. Die genauen Daten werden auf eine computergesteuerte Fräse übertragen. Diese sägt aus hartem Kunststoff z. B. einen Stuhl in der gewünschten Größe und Form heraus. Das Personal ist hauptsächlich mit planerischen und überwachenden Aufgaben beschäftigt.

Gundula L. und Michael B.

Die Produkte der Firma Bauer – Gartenmöbel, Pavillons, Holzhäuser – entwerfen Angestellte auf dem Bildschirm. Reale Modelle können grafisch und plastisch konstruiert werden. Die Wünsche der Kunden können in Größe und Form individuell eingegeben werden. Auch der Zuschnitt, die Verglasung und die Einfärbung werden in der Fertigung durch Computer gesteuert. Die technische Entwicklung verläuft sehr rasant. Die Programme werden besser und schneller.

Frau Bauer hat im vergangenen Jahr neue Computerprogramme für die Fertigung angeschafft. Sie will wissen, ob sich die Investition in diesem Jahr gelohnt hat. Wo findet sie im Rechnungswesen das Ergebnis der unternehmerischen Tätigkeit?

In der GuV-Rechnung wird das Gesamtergebnis ermittelt. Frau Bauer vergleicht das Gesamtergebnis des Jahres 2011 (Anschaffung neuer Programme) mit dem Gesamtergebnis des Jahres 2010: Die Abteilung Rechnungswesen erstellt die GuV-Rechnung in Staffelform (§ 275 Abs. 2 HGB).

Diese entnimmt sie einem FIBU-Programm, mit dem im Betrieb schon lange gearbeitet wird:

	2010	2011
5000/5100 Umsatzerlöse	5.003.853,00 €	5.170.327,00 €
5200 Bestandsveränderungen	66.287,00 €	56.783,00 €
Gesamtleistung	**5.070.140,00 €**	**5.227.110,00 €**
60 Aufwendungen für Roh-, Hilfs-, Betriebsstoffe, Fremdbauteile	2.478.277,00 €	2.466.548,00 €
Rohertrag	**2.591.863,00 €**	**2.760.562,00 €**
5710 Zinserträge	68.755,00 €	33.789,00 €
6200 Löhne	822.408,00 €	815.158,00 €
6300 Gehälter	626.489,00 €	650.922,00 €
64 Soziale Abgaben	424.936,00 €	434.457,00 €
65 Abschreibungen	242.995,00 €	287.307,00 €
6960 Verluste aus dem Abgang von Vermögensgegenständen	3.287,00 €	24.860,00 €
70 Betriebliche Steuern	93.056,00 €	88.683,00 €
67 Sonstige betriebliche Aufwendungen	345.297,00 €	385.625,00 €
7510 Zinsaufwendungen	1.850,00 €	12.220,00 €
Jahresüberschuss (Reingewinn)	**100.300,00 €**	**95.119,00 €**

Arbeitsauftrag:

Es werden fünf Gruppen (B bis F) gebildet. Für die Gruppe A liegt bereits ein Lösungsvorschlag vor. In jeder Gruppe sind die drei nachfolgenden Fragen zu beantworten:

1. Welche Veränderungen in Euro und Prozent haben sich bei den angegebenen Posten 2011 im Vergleich zu 2010 ergeben?
2. Welche Ursachen könnten zu dieser Entwicklung beigetragen haben?
3. Welchen Einfluss könnte dabei die Anschaffung neuer Computerprogramme im Jahre 2011 gehabt haben?

Gruppe A: Umsatz
Gruppe B: Zinsen (Aufwand und Ertrag)
Gruppe C: Materialaufwand (Aufwand für Roh-, Hilfs- und Betriebsstoffe)
Gruppe D: Personalaufwand (Löhne, Gehälter, soziale Abgaben)
Gruppe E: Verluste aus dem Abgang von Vermögensgegenständen (Entsorgung bzw. Verkauf alter Maschinen)
Gruppe F: Betriebliche Steuern

Lösungsvorschlag Gruppe A:

1. Der Umsatz ist um 166.474,00 € (3,33%) gestiegen.
2. Ein Konjunkturaufschwung im Baugewerbe und höhere Preise könnten den Umsatz steigern.
3. Modernere Produktion durch neue Software erlaubt günstigere Preise, bessere Qualität und damit höheren Umsatz.

Hinweise zur Gruppenarbeit:

Bitte beachten Sie nachfolgende Regeln:

- Es sollte immer nur ein Gruppenmitglied sprechen.
- Jedes Gruppenmitglied soll eine eigene Meinung erarbeiten.
- Es ist sinnvoll, einen Sprecher/eine Sprecherin der Gruppe zu wählen.
- Für Dokumentation und Präsentation tragen alle Gruppenmitglieder Verantwortung.

Die Ergebnisse der einzelnen Gruppen sollen der gesamten Klasse zur Weiterarbeit bekannt gegeben werden und nicht isolierte Ergebnisse bleiben.

Lösung 237

Lösung 237 (Fortsetzung)

6.2 Betriebswirtschaftslehre/Rechnungswesen als Informationssystem

Aufgabe 238

Spezialvitrinenschrank gefertigt in der Möbelfabrik Hans Glück

Fertigungsmaterial	z. B. Massivholz	1.078,00 €	31%
Fertigungslöhne	z. B. Handarbeitslöhne	979,00 €	28%
Gemeinkosten	z. B. Gehälter	1.426,00 €	41%
Wagnis/Gewinn	z. B. Aufschlag für Ausschuss	348,00 €	10% auf Selbstkosten
Umsatzsteuer	Gesetzliche Umsatzsteuer	728,00 €	19% vom Nettopreis

Anfrage

↓

Vorkalkulation
Angebotskalkulation

↓

Angebot

↓

Preisgestaltung →
Verhandlungen

→ **Auftragserteilung** →

→ **Fertigung**

↑

Nachkalkulation

↑

Auswertung
Kostenkontrollrechnung
Deckungsbeitragsrechnung

1. Suchen Sie weitere Beispiele für Fertigungsmaterial, Fertigungslöhne, Gemeinkosten und Zuschlag für Wagnis bzw. Gewinn.
2. Erstellen Sie ein Kreisdiagramm für die Anteile der Selbstkosten (%) und ein Balkendiagramm für die einzelnen Anteile des Bruttoverkaufspreises (€).
3. Nach einer Umsatzsteuererhöhung müssten 804,50 € Umsatzsteuer erhoben werden. Wie hoch (%) wäre der neue Umsatzsteuersatz?
4. Laut Kostenkontrollrechnung ergab sich beim Fertigungsmaterial eine Unterdeckung. Wie könnte diese Unterdeckung verursacht worden sein und welche Konsequenzen könnten daraus erfolgen?
5. Bestimmen Sie die kurzfristige Preisuntergrenze (Listenverkaufspreis, netto) für den Spezialvitrinenschrank.
6. Bilden Sie den Buchungssatz für den Zielverkauf des Spezialvitrinenschranks, wenn noch zusätzlich 80,00 € netto für Verpackungsmaterial in Rechnung gestellt werden.
7. Informieren Sie sich über das Preisrecht (Nutzen Sie dazu auch das Internet!) und klären Sie folgende Fragen:

7.1 Wer trägt die Kosten für die Ausarbeitung eines Angebots?

7.2 Sind Kostenvoranschläge verbindlich?

Lösung 238

Aufgabe 239

Unternehmensinformation

Wendelstein-Spielgeräte

Das Unternehmen Wendelstein-Spielgeräte, abgekürzt „WSG“, ist ein bekannter Hersteller von Spielgeräten für Kinderspielplätze aus heimischen Hölzern sowie aus Metall. Darüber hinaus bietet es Handelswaren (Spielzeug) und als Dienstleistung die Organisation von Spielfesten (Stadtfeste, Firmenjubiläen, ...) an. Das Unternehmen setzt vor allem auf ökologisch unbedenkliche Produkte. Durch Umweltschutzmaßnahmen in allen Unternehmensbereichen konnte Wendelstein-Spielgeräte Maßstäbe in der umweltgerechten Produktion setzen.

> Das Unternehmen will Ökonomie und Ökologie soweit wie möglich in Einklang bringen.

Inhaberin:	Katharina Wendelstein, e. Kfr. Einzelunternehmen
Anschrift (Firmensitz):	Im Erlengrund 3 83026 Rosenheim
Unternehmenszweck:	Fertigung von Spielgeräten
Handelsregister:	Handelsregister Rosenheim HRA 7682
Steuernummer:	9156/204/20100
Mitarbeiterzahl:	40 Mitarbeiter (12 Angestellte/28 Arbeiter)
Zweigwerke:	Werk Zwiesel (Niederbayern), Werk Hilpoltstein (Mittelfranken)
Absatzgebiete:	Deutschland, Österreich, Schweiz
Stoffe, Handelswaren, Dienstleistungen	
Rohstoffe:	Hölzer verschiedener heimischer Baumarten, Metalle
Vorprodukte/ Fremdbauteile:	Rutschen, Sandschütten, Schaukelsitze, ...
Hilfsstoffe:	Schrauben, Leim, Wachse, ...
Betriebsstoffe:	Strom, Gas, Wasser, Schmierstoffe, ...
Handelswaren:	Spielzeug, Sportzubehör (Bälle), ...
Dienstleistungen:	Organisation von Spielfesten

Station 1: Das KLR-Rätsel

Überprüfen Sie Ihr Wissen über die Kosten- und Leistungsrechnung mit diesem Rätsel.

1. Begriff für kalkulatorische Abschreibungen.
2. Kosten, die sich direkt den einzelnen Kostenträgern zuordnen lassen.
3. Erfahrungswerte für Kosten aus vorangegangenen Abrechnungsperioden.
4. Tabellarisch durchgeführte Kostenstellenrechnung (Abkürzung).
5. Stückzahl, ab der ein Gewinn erwirtschaftet wird.
6. Kosten, die auch ohne Produktion anfallen.
7. Kosten, die dem Produkt nur indirekt zugeordnet werden können.
8. Begriff für tatsächlich angefallene Einzel- und Gemeinkosten.
9. Betriebsbedingte, ordentliche Erträge.
10. Orte der Kostenverursachung.
11. Zuschlagsgrundlage (Grundwert) für die Verwaltungs- und Vertriebsgemeinkosten in der Kostenstellenrechnung.
12. Betrag, der dazu beiträgt, die fixen Kosten zu decken.

Das Lösungswort ergibt einen Begriff, der in der KLR eine große Rolle spielt.

Lösung Station 1

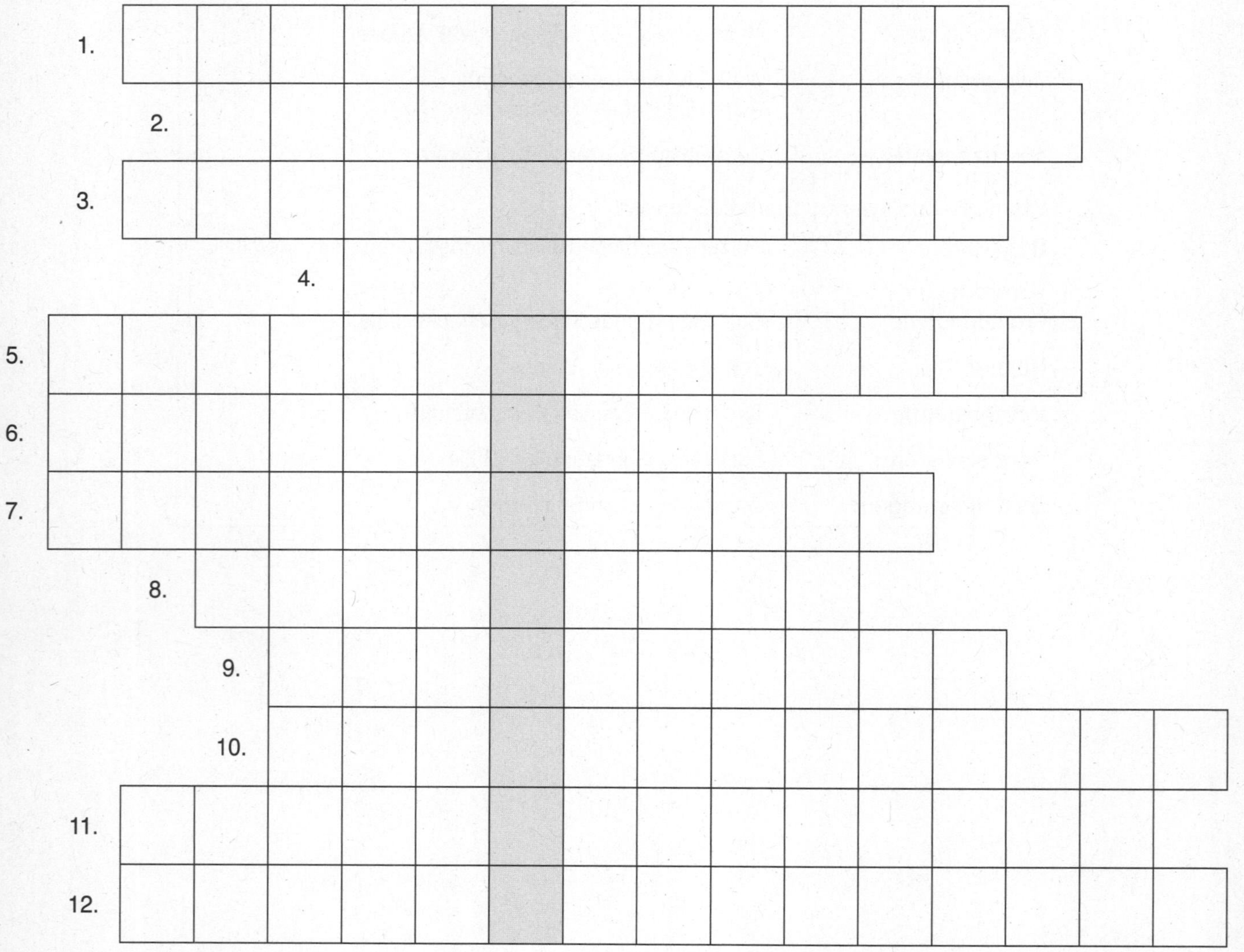

Station 2: Abgrenzungsrechnung/Kostenartenrechnung

An dieser Station sollen Sie die Abgrenzungsrechnung und die Kostenartenrechnung für das Unternehmen **Wendelstein-Spielgeräte** durchführen.

Überprüfen Sie Ihr Wissen an den folgenden Aufgaben!

Aufgabe 2.1:

Abgrenzungstabelle des Unternehmens **Wendelstein-Spielgeräte,** Beträge in 1.000 EUR:

Rechnungskreis I			Rechnungskreis II					
Konten	8020 GUV		90 NAWE		91 KKOR		92 KL	
	AW	E	Neutr. AW	Neutr. E	AW laut RK I	Verrechn.-Kosten	Kosten	Leistungen
UEFE		1.400						1.400
EMP		47		47				
EAAV		10		10				
EAWP		40		40				
Material	820						820	
Personal	360						360	
Abschr. SA	120 →				→ 120	80 ←	← 80	
PUK	27						27	
Abschr. FO	40		40					
Steuern	10						10	
Kalk. Ulohn					0	90 ←	← 90	
Summe	1.377	1.497	40	97	120	170	1.387	1.400
	120		57		50		13	
	1.497	1.497	97	97	170	170	1.400	1.400

2.1.1 Welche Aufgabe hat die Spalte „Kostenrechnerische Korrekturen"?

2.1.2 Nennen Sie das Unternehmensergebnis (Gesamtergebnis) und das Betriebsergebnis!

2.1.3 Stellen Sie fest, in welcher Weise das Gesamtergebnis des Unternehmens **Wendelstein-Spielgeräte** in der abgelaufenen Periode durch die neutralen Aufwendungen und Erträge beeinflusst wurde!

Aufgabe 2.2:

Im Zweigwerk Zwiesel fallen im vierten Quartal folgende Kosten an:

Aufwendungen für Rohstoffe	125.000,00 EUR
Aufwendungen für Hilfsstoffe	15.000,00 EUR
Aufwendungen für Betriebsstoffe	11.000,00 EUR
Fertigungslöhne	82.000,00 EUR
Gehälter	19.500,00 EUR
Abschreibungen auf SA	18.000,00 EUR
Leasingkosten	5.000,00 EUR
Werbung	3.500,00 EUR
Betriebliche Steuern	8.000,00 EUR

2.2.1 Ermitteln Sie die Summe der Einzelkosten und Gemeinkosten in Euro.

2.2.2 Entscheiden Sie in den folgenden Fällen, ob es sich um Gemeinkosten handelt oder nicht!

a) Gehalt einer Buchhalterin
b) Verbrauch von Schmierfett (Wartung von Maschinen)
c) Einbau von vorgefertigten Fremdbauteilen
d) Stromverbrauch
e) Verbrauch von Lack
f) besondere Überprüfung auf Umweltverträglichkeit

INFORMATION – Abgrenzungs-/Kostenartenrechnung

Als Bindeglied zwischen Geschäftsbuchführung (Finanzbuchführung) und Kosten- und Leistungsrechnung (Betriebsbuchführung) dient die **ABGRENZUNGSRECHNUNG.** Hier werden die neutralen Aufwendungen und Erträge abgefiltert.

Neutrale Aufwendungen und Erträge sind betriebsfremd und außerordentlich.

Schema:

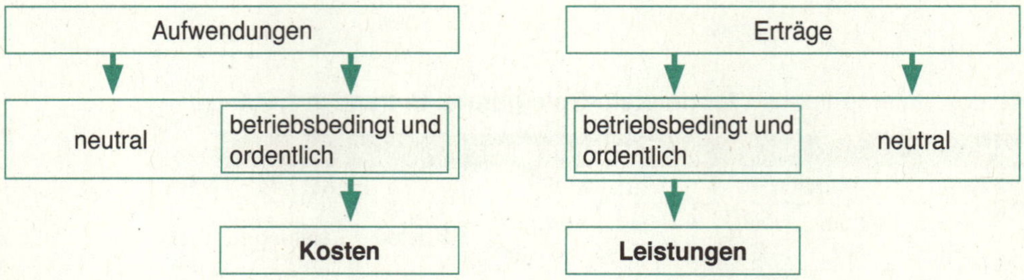

Ergebnisabstimmung:

Neutrales Ergebnis
+ Ergebnis aus KKOR
+ Betriebsergebnis

= Unternehmensergebnis/Gesamtergebnis

KOSTENARTENRECHNUNG

KOSTEN

können Erzeugnis direkt zugeordnet werden; betreffen nur dieses eine Erzeugnis.

⇩

EINZELKOSTEN
(Fertigungsmaterial und Fertigungslöhne)

Sondereinzelkosten
der Fertigung (fallen nur selten an, z. B. Lizenzen, Sonderwerkzeugkosten).

können Produkt indirekt zugeordnet werden; betreffen mehrere oder alle Erzeugnisse.

⇩

GEMEINKOSTEN
(alle übrigen Kosten, wie Miete, kalk. Abschreibungen, ...)

Merke:
- Kosten, die sich direkt den einzelnen Kostenträgern zuordnen lassen, heißen Einzelkosten oder direkte Kosten.
- Alle anderen Kosten sind Gemeinkosten oder indirekte Kosten.

Lösung Station 2

Lösung Station 2 (Fortsetzung)

Mithilfe der Kostenstellenrechnung werden die Gemeinkosten den betrieblichen Bereichen zugeordnet, in denen sie entstanden sind.

Sehen Sie sich zunächst die Informationen zur Kostenstellenrechnung an und bearbeiten Sie danach die Aufgabe 3.

INFORMATION – Kostenstellenrechnung

Grundlage für die Kostenstellenrechnung sind die in der Kostenartenrechnung ermittelten Gemeinkosten. Im Betriebsabrechnungsbogen (BAB) werden die Gemeinkosten direkt oder indirekt mithilfe von Verteilungsschlüsseln auf die Kostenstellen verteilt.

Mögliche Kostenverteilungsschlüssel:
- Mengenschlüssel (Fläche, ...)
- Zeitschlüssel (Arbeitsstunden, ...)
- Wertschlüssel (Lohnkosten, ...)

Die Summe der Gemeinkosten aus der Kostenartenrechnung muss mit der Summe der im BAB ermittelten Material-, Fertigungs-, Verwaltungs- und Vertriebsgemeinkosten übereinstimmen.
- Der Betriebsabrechnungsbogen ermöglicht eine anteilige Zurechnung von Gemeinkosten bei der Berechnung der Selbstkostenpreise und die Überwachung der Gemeinkosten in den einzelnen Kostenstellen.
- Der BAB ist senkrecht nach Kostenarten und waagrecht nach Kostenstellen gegliedert.
- Der BAB enthält entsprechend der Struktur eines Fertigungsunternehmens die vier Kostenstellen Material, Fertigung, Verwaltung und Vertrieb.
- Mithilfe des BAB werden die Gemeinkosten einer Periode auf die einzelnen Kostenstellen verursachungsgerecht verteilt.

Mithilfe der auf die einzelnen Kostenstellen verteilten Gemeinkosten und der Einzelkosten sowie unter Berücksichtigung der Bestandsveränderungen (UFE/FE) können im Unternehmen Wendelstein-Spielgeräte die Gemeinkosten-Zuschlagssätze ermittelt werden, die bei der Kalkulation der Selbstkostenpreise benötigt werden. Die Gemeinkosten-Zuschlagssätze werden wie folgt berechnet:

$$\textbf{MGK-Zuschlagssatz in \%: } \frac{\textbf{Materialgemeinkosten} \cdot 100}{\textbf{Fertigungsmaterial}}$$

$$\textbf{FGK-Zuschlagssatz in \%: } \frac{\textbf{Fertigungsgemeinkosten} \cdot 100}{\textbf{Fertigungslöhne}}$$

$$\textbf{VwGK-Zuschlagssatz in \%: } \frac{\textbf{Verwaltungsgemeinkosten} \cdot 100}{\textbf{Herstellkosten des Umsatzes}}$$

$$\textbf{VtGK-Zuschlagssatz in \%: } \frac{\textbf{Vertriebsgemeinkosten} \cdot 100}{\textbf{Herstellkosten des Umsatzes}}$$

Hinweis: Verwaltungsgemeinkostenzuschlagssatz und Vertriebsgemeinkostenzuschlagssatz können zu einem gemeinsamen Verwaltungs- und Vertriebsgemeinkostenzuschlagssatz – Vw/VtGK (%) – zusammengefasst werden.

$$\textbf{Vw/VtGK-Zuschlagssatz in \%: } \frac{\textbf{(Verwaltungsgemeinkosten + Vertriebsgemeinkosten)} \cdot 100}{\textbf{Herstellkosten des Umsatzes}}$$

Die Ermittlung der Herstellkosten des Umsatzes erfolgt mittels der Kostenträgerzeitrechnung (Gesamtkalkulation). In dieser werden die Selbstkosten des Umsatzes eines Abrechnungszeitraumes ermittelt.

Aufgabe 3:

3.1 Verteilen Sie im Unternehmen Wendelstein-Spielgeräte die Gemeinkosten (einschließlich Kalk. Abschreibungen und Unternehmerlohn) nach den angegebenen Schlüsseln auf die vier Kostenstellen.

3.2 Führen Sie die Gesamtkalkulation durch.

3.3 Ermitteln Sie die Gemeinkostenzuschlagssätze.

3.4 Wie hoch sind die Selbstkosten?

Berechnen Sie mithilfe des Betriebsabrechnungsbogens und der folgenden Informationen die Teilaufgaben.

Daten aus der Rechnungswesenabteilung:

Einzelkosten:
Fertigungsmaterial 13.215,60 €
Fertigungslöhne 67.270,40 €
Bestandsveränderungen:
Bestandserhöhungen (FE/UFE) 7.083,00 €

Lösung Station 3 – Betriebsabrechnungsbogen

Betriebsabrechnungsbogen – Wendelstein-Spielgeräte						
			Kostenstellen			
Kostenarten	Summen	Verteilungsschlüssel	I Material	II Fertigung	III Verwaltung	IV Vertrieb
Hilfsstoffe	6.750,00 €	Direkt	300,00 €	4.500,00 €	750,00 €	1.200,00 €
Strom	20.371,00 €	kWh	897,00 €	13.494,00 €	2.392,00 €	3.588,00 €
Löhne	91.864,00 €	Liste	11.470,00 €	38.595,00 €	22.367,00 €	19.432,00 €
Gehälter	5.400,00 €	Direkt	360,00 €	3.816,00 €	648,00 €	576,00 €
Sozialkosten	36.187,50 €	Beschäftigte	2.412,50 €	25.572,50 €	4.342,50 €	3.860,00 €
Steuern	12.210,00 €	Bescheide	–	–	5.660,00 €	6.550,00 €
Miete	18.500,00 €	Verträge	–	6.000,00 €	2.000,00 €	10.500,00 €
Kalk. Abschreibungen	20.000,00 €	2 : 29 : 4 : 5				
Kalk. Unternehmerlohn	16.000,00 €	5%-72,5%-10%-12,5%				
Summe der Gemeinkosten						
	Zuschlagsgrundlagen					
	Gemeinkostenzuschlagssatz					

Ermittlung der Selbstkosten eines Produkts durch Stückkalkulation in Form der Zuschlagskalkulation. An dieser Station sollen Sie die Selbstkosten für eine Spielanlage kalkulieren.

Aufgabe 4:

Ermitteln Sie für das Unternehmen **Wendelstein-Spielgeräte** die Selbstkosten und den Listenverkaufspreis für die Spielanlage „Kampenwand".

Mithilfe der durch den Betriebsabrechnungsbogen strukturierten Kostenrechnung (Kostenträgerzeitrechnung) und der dabei ermittelten Gemeinkosten-Zuschlagssätze ist die geplante Umrechnung der Kosten auf die einzelnen Produkte (Kostenträger) möglich.

Damit kann die Kostenträgerrechnung oder Stückrechnung in Form einer Zuschlagskalkulation durchgeführt werden.

a) An Einzelkosten hat Katharina Lenbach für die Spielanlage ermittelt: Fertigungsmaterial 2.831,25 EUR, Fertigungslöhne 1.928,75 EUR und Sondereinzelkosten in Höhe von 380,00 EUR. Die Gemeinkostenzuschlagssätze für die vier Kostenstellen sind aus der Gesamtkalkulation des letzten Monats bekannt:
I: 11,52%, II: 201,40%, III: 10,13%, IV: 5,67%.

Wie hoch sind die Selbstkosten?

Hinweise:

Die Einzelkosten und Sondereinzelkosten können der Kostenartenrechnung entnommen und dem Kostenträger direkt zugerechnet werden.

Die anteiligen Gemeinkosten werden dem Kostenträger mit den im Betriebsabrechnungsbogen ermittelten Gemeinkostenzuschlagssätzen zugeschlagen (Zuschlagskalkulation).

Bestandsveränderungen werden nicht berücksichtigt. Bei der Stückkalkulation unterscheidet man deshalb nicht zwischen „Herstellkosten der Erzeugung" und „Herstellkosten des Umsatzes". Man spricht einfach von „Herstellkosten".

b) Die Spielanlage soll an den Montessori-Kindergarten Rosenheim mit 10% Gewinn verkauft werden. Dem Kindergarten werden 5% Rabatt und 2% Skonto eingeräumt.

Wie hoch ist der Listenverkaufspreis?

Hinweise:

Beachten Sie bei der Angebotskalkulation die verminderten Grundwerte.

Bei Verkäufen an den Endverbraucher muss der Bruttoverkaufspreis angegeben werden.

Lösung Station 4

Lösung Station 4 (Fortsetzung)

Station 5: Kostenkontrollrechnung

Sie sollen im Unternehmen **Wendelstein-Spielgeräte** die Kostenkontrollrechnung für die Produktion der neu ins Programm aufgenommenen Turnbänke durchführen.

Sehen Sie sich zunächst die Informationen zur Kostenkontrollrechnung an und bearbeiten Sie danach die Aufgabe 5.

INFORMATION – Kostenkontrollrechnung

Das Unternehmen **Wendelstein-Spielgeräte** kann sich auf dem Markt nur durchsetzen, wenn es langfristig einen entsprechenden Gewinn erzielt, d. h. wenn die Kosten niedriger sind als die Erlöse. Deshalb kommt der Überwachung und Kontrolle eine große Bedeutung zu.

Es ist daher ein permanenter Vergleich der in der „Vorauskalkulation" eingesetzten Soll-Werte mit den tatsächlichen Werten (Ist-Werten) notwendig.

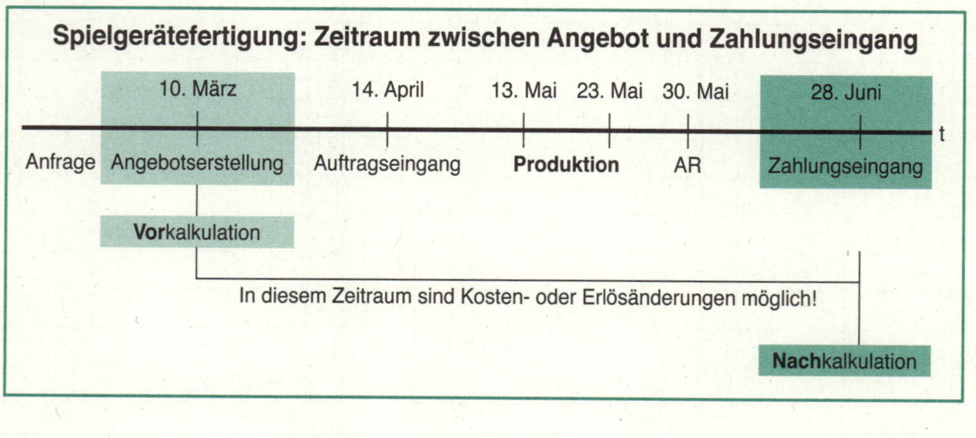

Zur Angebotsabgabe wird vor der Produktion der Spielgeräte eine **Vorkalkulation** durchgeführt. Dabei werden die erwarteten Einzel- und Gemeinkosten als **Normalkosten** unter Verwendung von Normal-Zuschlagssätzen zugrunde gelegt. Die Normal-Zuschlagssätze sind Durchschnittswerte, die aus den Ist-Zuschlagssätzen früherer Betriebsabrechnungsbögen gewonnen werden.

Die Stückkalkulation **nach** der Produktion der Spielgeräte ist eine **Nachkalkulation.** Dabei werden die tatsächlich angefallenen Einzel- und Gemeinkosten als **Istkosten** zugrunde gelegt. Die Ist-Zuschlagssätze liefert der zuletzt aufgestellte Betriebsabrechnungsbogen.

Weichen die tatsächlichen Istkosten und Ist-Zuschlagssätze von den angenommenen Normalkosten und Normal-Zuschlagssätzen ab, so liegt entweder eine **Kostenüberdeckung** oder eine **Kostenunterdeckung** vor.

Kostenüberdeckung	**⇨ Istkosten < Normalkosten**
Kostenunterdeckung	**⇨ Istkosten > Normalkosten**

Die Kostenkontrollrechnung ist notwendig, um durch den Vergleich von Vorkalkulation und Nachkalkulation den tatsächlichen Erfolg eines Auftrages festzustellen.

Im Unternehmen Wendelstein-Spielgeräte wird die Vorkalkulation der Nachkalkulation gegenübergestellt und die Kostenüber- bzw. Kostenunterdeckung bei den Einzel- und Gemeinkosten wird ermittelt.

Aufgabe 5

Im Stammwerk des Unternehmens **Wendelstein-Spielgeräte** werden seit Beginn dieses Jahres auch Turnbänke gefertigt. Für den letzten Abrechnungszeitraum liegen Ihnen hierzu folgende **Ist-Werte** vor:

Fertigungsmaterial	12.000,00 EUR
Materialgemeinkosten	960,00 EUR
Fertigungslöhne	11.200,00 EUR
Fertigungskosten	28.000,00 EUR

5.1 Sie wurden von Katharina Wendelstein beauftragt, die Kostenkontrollrechnung für die Produktion der Turnbänke durchzuführen.

5.1.1 Mit welchem Zuschlagssatz rechnet das Unternehmen bei den Fertigungsgemeinkosten?

5.1.2 Ermitteln Sie die Höhe der tatsächlichen Selbstkosten, wenn bei den Verwaltungs- und Vertriebsgemeinkosten mit einem gemeinsamen Zuschlagssatz von 12,50% gerechnet wird.

5.2 Im Rahmen der Vorkalkulation ergaben sich Selbstkosten von 43.380,00 EUR.

5.2.1 Ermitteln Sie bei den Selbstkosten Art und Höhe der Abweichung gegenüber der Vorkalkulation.

5.2.2 Nennen Sie zwei Ursachen, die zu der Abweichung bei den Selbstkosten geführt haben könnten.

5.3 Auf der Grundlage der vorliegenden Kostenrechnung ergibt sich für eine Turnbank ein Selbstkostenpreis von 256,00 EUR.
Berechnen Sie den Listenverkaufspreis für eine Turnbank, wenn das Unternehmen **Wendelstein-Spielgeräte** mit 8% Gewinn und 2% Kundenskonto kalkuliert.

Lösung Station 5

Lösung Station 5 (Fortsetzung)

Sehen Sie sich zunächst die Informationen zur Deckungsbeitragsrechnung an und bearbeiten Sie danach die Aufgaben 6.1 und 6.2.

Aufgabe 6.1

Sie sollen ein Diagramm für das Zweigwerk in Zwiesel erstellen und den „Break-even-Point" für die Spielzeugkistenproduktion ermitteln.

Im Zweigwerk Zwiesel (Niederbayern) werden Spielzeugkisten aus Holz erstellt. Sie sind für die KLR des Zweigwerks zuständig und müssen die folgenden Aufgaben bearbeiten.

Stückzahl	0	5000	10000	15000	20000	25000
variable Kosten	0,00 €	107.500,00 €	215.000,00 €	322.500,00 €	430.000,00 €	537.500,00 €
Fixkosten	261.000,00 €	261.000,00 €	261.000,00 €	261.000,00 €	261.000,00 €	261.000,00 €
Gesamtkosten	261.000,00 €	368.500,00 €	476.000,00 €	583.500,00 €	691.000,00 €	798.500,00 €
Nettoerlöse	0,00 €	180.000,00 €	360.000,00 €	540.000,00 €	720.000,00 €	900.000,00 €

6.1.1 Stellen Sie mithilfe der Tabelle die Situation grafisch dar (Diagramm).

6.1.2 Ermitteln Sie die Gewinnschwelle („Break-even-Point") grafisch und kennzeichnen Sie die Verlust- und die Gewinnzone.

6.1.3 Berechnen Sie den „Break-even-Point".

Aufgabe 6.2

Das Unternehmen **Wendelstein-Spielgeräte** produziert in seinem mittelfränkischen Zweigwerk in Hilpoltstein Spielhäuser in zwei Ausführungen. Für das erste Quartal des Jahres liegen Ihnen folgende Angaben vor:

	Typ „Nürnberg"	Typ „München"
Nettoverkaufspreis/Stück	**1.600,00 EUR**	**?????**
Variable Kosten/Stück	**900,00 EUR**	**1.000,00 EUR**
Kapazität	**1 200 Stück**	**800 Stück**
Auslastung	**50%**	**500 Stück**
Fixkosten	**1.065.000,00 EUR**	

Aufgrund von Billigimporten befindet sich das Zweigwerk gegenwärtig in einer schwierigen Konkurrenzsituation. Sie werden von der Geschäftsleitung beauftragt, die vorgelegten Zahlen des Zweigwerks zu untersuchen.

6.2.1 Im ersten Quartal des Jahres ergab sich ein Betriebsverlust von 45.000,00 EUR.

6.2.1.1 Zu welchem Nettoverkaufspreis wurde ein Spielhaus des Typs „München" abgesetzt?

6.2.1.2 Wie hoch ist die kurzfristige Preisuntergrenze des Typs „München"?

6.2.1.3 Berechnen Sie die Auslastung bei Typ „München" in Prozenten.

6.2.2 Wegen der Konkurrenzsituation wird die Produktion des Typs „München" eingestellt. Die Fixkosten sinken dadurch um 365.000,00 EUR.

6.2.2.1 Wie viel Stück des Typs „Nürnberg" müssen nun produziert und abgesetzt werden, damit die Gewinnschwelle erreicht wird?

6.2.2.2 Ermitteln Sie die Höhe der Nettoverkaufserlöse bei der Gewinnschwelle.

INFORMATION – Deckungsbeitragsrechnung

Die Berechnung des Nettoverkaufspreises aus Selbstkosten und Gewinn bezeichnet man als Vollkostenrechnung. Dabei wird die Deckung aller Kosten (Selbstkosten) über den Angebotspreis (Nettoverkaufspreis) angestrebt.

Allerdings kann die Vollkostenrechnung nicht bei Entscheidungen zur Anpassung von Preis, Absatzmenge und Warensortiment an die Bedingungen des Marktes angewandt werden.

Nicht entscheidend: Die Kosten sind Grundlage der Kalkulation und bestimmen den Preis des Erzeugnisses.
Entscheidend: Der Marktpreis des Erzeugnisses ist Grundlage der Kalkulation und legt den Gewinn nach Abzug der Kosten offen.

Ferner muss bei betriebswirtschaftlichen Entscheidungen auch die Erhaltung der Arbeitsplätze und die Erzielung von Gewinn berücksichtigt werden.

Teilkostenrechnung/Deckungsbeitragsrechnung

Als Entscheidungshilfe bietet sich eine Aufteilung der Kosten in fixe und variable Kosten an. Die Fixkosten fallen im Unternehmen unabhängig von der Produktionsmenge an. Darum wird zunächst geprüft, ob die Erlöse eines Produktes seine variablen Kosten decken und noch ein Deckungsbeitrag, zur „Deckung" der ohnehin zu zahlenden fixen Kosten, verbleibt. Dem Unternehmer kann die Deckungsbeitragsrechnung eine wichtige Hilfe bei kurzfristigen Entscheidungen sein.

- **Deckungsbeitrag bei zwei Produkten**
  Da die Fixkosten den ganzen Betrieb betreffen, werden sie nicht auf die einzelnen Erzeugnisse aufgeteilt, sondern als „Fixkostenblock" behandelt.
- **Break-even-Point (Gewinnschwelle)**
  Schwelle, bei der die Deckungsbeiträge/Stück gerade zur Deckung der fixen Kosten ausreichen (Betriebsergebnis: 0,00 EUR). Stückzahl, bei der das Betriebsergebnis von der Verlust- in die Gewinnzone überwechselt.
  Gewinnschwelle = Fixkosten : Deckungsbeitrag/Stück
- **Zusatzauftrag**
  Die Annahme eines Zusatzauftrages lohnt sich, wenn sein Preis über den variablen Stückkosten liegt und dadurch ein Beitrag zur Deckung der fixen Kosten geleistet wird. (DB > 0)
- **Preisuntergrenze**
  Verkaufspreis für das Erzeugnis, um kurz- oder langfristig am Markt zu bestehen.
  Kurzfristige Preisuntergrenze = Deckung der variablen Kosten (DB = 0)
  Langfristige Preisuntergrenze = Deckung aller Kosten (DB = Fixkosten)
- **Preisgestaltung**
  Der Preis ist auch ein Mittel der Absatzförderung (Instrument des Marketing).

Lösung Station 6

Lösung Station 6 (Fortsetzung)

Lösung Station 6 (Fortsetzung)

An dieser Station sollen Sie die Preise für Handelswaren mithilfe von Kalkulationshilfen berechnen sowie Buchungen beim Ein- und Verkauf von Handelswaren durchführen.

Überprüfen Sie Ihr Wissen an einer der folgenden Aufgaben!

Aufgabe 7.1

Zur Ergänzung des Sortiments bietet **Wendelstein-Spielgeräte** neben den eigenen Erzeugnissen auch Sportbälle als Handelsware an. So bezieht **Wendelstein-Spielgeräte** von einem Sportballproduzenten Fußbälle für 28,00 EUR netto je Stück.

7.1.1 Ermitteln Sie den Listenverkaufspreis für die Fußbälle, wenn das Unternehmen mit 30% Gemeinkosten für Handelswaren, 8% Gewinn und 4% Kundenrabatt kalkuliert.

7.1.2 Mit welchem (Netto-)Kalkulationsaufschlag in Prozenten bzw. mit welchem Kalkulationsfaktor rechnet das Unternehmen?

7.1.3 Einem Kunden werden Fußbälle geliefert. „WSG" übernimmt die Frachtkosten in Höhe von netto 15,00 EUR für die Lieferung.
Bilden Sie den Buchungssatz für die Barzahlung der Frachtkosten.

7.1.4 Der Kunde zeigt telefonisch einen „Farbmangel" an und erhält eine Gutschrift über 73,78 EUR brutto.
Erstellen Sie den Buchungssatz.

Aufgabe 7.2

Das Unternehmen **Wendelstein-Spielgeräte** führt in seinem Sortiment auch Basketbälle als Handelsware. Sie holen telefonisch von verschiedenen Herstellern Angebote über 800 Basketbälle ein. Zum Angebot des Unternehmens „Löwen Sportbälle GmbH" erhalten Sie folgende Liefer- und Zahlungsbedingungen:

- Listenpreis insgesamt: 28.000,00 EUR netto
- Skonto: 2% bei Zahlung innerhalb von 8 Tagen
- Lieferung frei Haus

7.2.1 Berechnen Sie den Einstandspreis für die 800 Basketbälle aufgrund des Angebots von „Löwen Sportbälle GmbH".

7.2.2 Das Angebot von „Löwen Sportbälle GmbH" ist das günstigste. Sie bestellen deshalb 800 Basketbälle.
Bilden Sie den Buchungssatz für

7.2.2.1 die Eingangsrechnung über die Lieferung von 800 Stück,

7.2.2.2 die Begleichung der Eingangsrechnung innerhalb der Skontofrist mit Bankscheck.

7.2.3 Das Unternehmen **Wendelstein-Spielgeräte** rechnet mit einem Kalkulationsfaktor von 1,8000.

7.2.3.1 Ermitteln Sie den Listenverkaufspreis je Stück, wenn der Einstandspreis je Basketball 34,30 EUR beträgt.

7.2.3.2 Mit welchem Kalkulationsaufschlag rechnet das Unternehmen bei Basketbällen?

INFORMATION – Handelswarenkalkulation

Das Unternehmen Katharina Wendelstein verkauft neben den Spielgeräten aus der eigenen Fertigung auch Sportbälle, die sie von anderen Herstellern fertig bezieht. Sie dienen der Ergänzung und Abrundung des Sortiments. Kosten, die im Unternehmen für Einkauf, Lagerung und Verkauf von Handelswaren entstehen, nennt man Gemeinkosten für Handelswaren. Die Selbstkosten, also die Kosten, die einem Unternehmen bei Handelswaren selbst entstehen, setzen sich aus dem Einstandspreis und den Gemeinkosten für Handelswaren zusammen:

Das Kalkulationsschema

Das Schema gibt den Weg der Handelswaren vom Einkauf beim Lieferer über den Transport zum Lager von **Wendelstein-Spielgeräte,** die Lagerung und Verwaltung der Handelswaren und schließlich den Weiterverkauf an die Kunden wieder.

Listeneinkaufspreis (netto)			
– Liefererrabatt	%	(v. H.)	Bezugskalkulation
= Zieleinkaufspreis			
– Liefererskonto	%	(v. H.)	
= Bareinkaufspreis			
+ Bezugskosten			
= Bezugspreis oder Einstandspreis			Angebotskalkulation oder Verkaufskalkulation
+ Gemeinkosten für Handelswaren	%	(v. H.)	
= Selbstkostenpreis			
+ Gewinn	%	(v. H.)	
= Barverkaufspreis			
+ Kundenskonto	%	(i. H.)	
= Zielverkaufspreis			
+ Kundenrabatt	%	(i. H.)	
= Listenverkaufspreis (netto) oder Angebotspreis			
+ Umsatzsteuer	%	(v. H.)	
= Bruttoverkaufspreis			

Die Pfeile zeigen auf den Grundwert (100%).

Im Unternehmen **Wendelstein-Spielgeräte** werden bei der Preisberechnung für Handelswaren neben dem Computer auch **Kalkulationshilfen** verwendet. Dabei handelt es sich um die Zusammenfassung von Zuschlagssätzen, die sich über längere Zeit nicht verändern. Dazu gehören die Zuschlagssätze für

- die Gemeinkosten für Handelswaren,
- den Gewinn,
- den Kundenrabatt und
- den Kundenskonto.

Angewendet wird der Kalkulationsaufschlag (KA) oder Kalkulationsfaktor (KF)

$$\text{KA in \%: } \frac{(\text{Verkaufspreis} - \text{Einstandspreis*}) \cdot 100}{\text{Einstandspreis*}} \qquad \text{KF: } \frac{\text{Verkaufspreis}}{\text{Einstandspreis*}}$$

* Einstandspreis oder Bezugspreis

Lösung Station 7

Lösung Station 7 (Fortsetzung)

An dieser Station sollen Sie eine Aufgabe zur Kosten- und Leistungsrechnung bearbeiten.

Aufgabe 8.1 – Vollkostenrechnung

Für die Herstellung von Sandkränen sind Ihnen vom Monat Februar unter anderem folgende Werte bekannt:

Materialkosten 324,00 EUR/Stück, Fertigungslöhne 200,00 EUR/Stück, SEK der Fert. 10,00 EUR/Stück, Fertigungskosten 420,00 EUR/Stück, Materialgemeinkostenzuschlagssatz 8%.

In der Kosten- und Leistungsrechnung sollen Sie folgende Aufgaben lösen:

8.1.1 Ermitteln Sie den Rohstoffverbrauch für einen Sandkran.

8.1.2 Berechnen Sie die Herstellkosten je Stück.

8.1.3 Ermitteln Sie den zugrunde gelegten Zuschlagssatz für die Fertigungsgemeinkosten.

8.1.4 Nennen Sie je ein Beispiel für

8.1.4.1 Materialgemeinkosten,

8.1.4.2 Sondereinzelkosten der Fertigung und

8.1.4.3 Verwaltungsgemeinkosten.

8.1.5 Die Nachkalkulation im Monat März ergibt Selbstkosten von 800,00 EUR je Stück.

8.1.5.1 Ermitteln Sie bei den Selbstkosten Art und Höhe der Abweichung gegenüber der Vorkalkulation, wenn bei den Verwaltungs- und Vertriebsgemeinkosten mit einem gemeinsamen Zuschlagssatz von 5% gerechnet wurde.

8.1.5.2 Nennen Sie einen Grund für die Abweichung bei den Selbstkosten.

Aufgabe 8.2 – Teilkostenrechnung

Das Unternehmen **Wendelstein-Spielgeräte** hat sich in seinem Zweigwerk im unterfränkischen Hilpoltstein ausschließlich auf die Produktion von zwei Spielhäusern spezialisiert. Der Zweigbetrieb verfügt über eine eigene Verwaltungs- und Vertriebsabteilung.

Für das zweite Quartal des Jahres liegen Ihnen folgende Angaben vor:

	Typ „Main“	Typ „Rhein“
Nettoverkaufspreis/Stück	8.000,00 EUR	12.000,00 EUR
Variable Kosten/Stück	3.500,00 EUR	5.500,00 EUR
Produktion = Absatz	50 Stück	40 Stück

Sie werden von der Geschäftsleitung beauftragt, die wirtschaftliche Lage des Zweigwerks zu untersuchen und Vorschläge für die weitere Entwicklung des Zweigwerks zu unterbreiten.

8.2.1 Berechnen Sie die Gesamtkosten, wenn ein Betriebsgewinn von 170.000,00 EUR erwirtschaftet wurde.

8.2.2 Aufgrund gestiegener Fertigungslöhne erhöhen sich die variablen Kosten bei beiden Spielhäusern um 5%. Bei Typ „Main“ lässt der Markt derzeit keine Preiserhöhung zu.

8.2.2.1 Um wie viel EUR müsste der bisherige Verkaufspreis von Typ „Rhein" erhöht werden, um das Betriebsergebnis halten zu können? (Produktion und Absatz beider Spielhäuser sollen unverändert bleiben.)

8.2.2.2 Die Produktion des Spielhaustyps „Main“ wird eingestellt. Dadurch verringern sich die Fixkosten für den Typ „Rhein“ auf 250.000,00 EUR.

Ermitteln Sie die Gewinnschwellenmenge für den Typ „Rhein“, wenn die Preiserhöhung (vgl. 2.1) am Markt durchgesetzt werden kann.

Aufgabe 8.3 – Handelswaren

Das Unternehmen **Wendelstein-Spielgeräte** bezieht zur Sommersaison Fußbälle der Serie „Champion“ in FIFA-Design. Dazu liegt Ihnen folgender Auszug aus einem Vorkontierungsblatt (Finanzbuchhaltung) vor:

BA	Datum	Soll	Haben	BNR	Text	Betrag (EUR) B/N		UCo
B	16. 06. 20..	4400		7	------------	B	48.790,00	------
			2800		------------	B	47.326,30	------
			6082		------------	N	1.230,00	V19

8.3.1 Formulieren Sie den Geschäftsfall (Text, Beträge) zu dem oben stehenden Buchungssatz im Vorkontierungsblatt.

8.3.2 Der Zieleinkaufspreis für die 500 Fußbälle wurde bereits mit netto 41.000,00 EUR ermittelt. Berechnen Sie den Bareinkaufspreis je Fußball.

8.3.3 Der Einstandspreis für einen Fußball beträgt 80,00 EUR.

8.3.3.1 Weshalb ist der Einstandspreis höher als der Bareinkaufspreis?

8.3.3.2 Berechnen Sie den Angebotspreis (netto) für einen Fußball, wenn das Unternehmen **Wendelstein-Spielgeräte** mit 12,5% Gemeinkosten für Handelswaren rechnet und $16\frac{2}{3}\%$ Gewinn sowie 20% Kundenrabatt einkalkuliert.

8.3.3.3 Sie können den Nettoangebotspreis künftig bequemer mit dem Kalkulationsfaktor berechnen. Ermitteln Sie den Kalkulationsfaktor.

8.3.4 Die Spielhauskette „Spielmit" wäre bereit, 150 Fußbälle abzunehmen, wenn der Kundenrabatt auf 25% erhöht wird.

8.3.4.1 Die Unternehmensleitung liefert zu diesen Bedingungen an die Spielhauskette. Bilden Sie den Buchungssatz für den Zielverkauf.

8.3.4.2 Wie wirkt sich der höhere Kundenrabatt auf den Erfolg des Unternehmens aus (ohne Berechnung)?

Lösung Station 8

Lösung Station 8 (Fortsetzung)

Lösung Station 8 (Fortsetzung)

Lösung Station 8 (Fortsetzung)

An dieser Station sollen Sie eine Kalkulation mithilfe eines Tabellenkalkulationsprogramms durchführen.

Überprüfen Sie Ihr Können an einer der beiden folgenden Aufgaben!

Aufgabe 9.1 – „Kostenträgerstückrechnung"

9.1.1 Ergänzen Sie zunächst den Ausgabebereich (B12:B22) des Kalkulationsschemas für die Kostenträgerstückrechnung mit den entsprechenden Formeln.

9.1.2 Arbeiten Sie mit einem Tabellenkalkulationsprogramm am PC, indem Sie die Daten aus Ihrem Arbeitsblatt in die entsprechenden Zellen eingeben. Drucken Sie, falls möglich, diese Datei aus.

Lösung Station 9 – Kostenträgerstückrechnung

	A	B	C	D
1	KOSTENTRÄGERSTÜCKRECHNUNG			
2	Eingabedaten – Kletterwand			Wendelstein-Spielgeräte
3	Fertigungsmaterial:	380,00 EUR		
4	Materialgemeinkostensatz:	6,50%		
5	Fertigungslöhne:	90,00 EUR		
6	Fertigungsgemeinkostensatz:	125,00%		
7	Sondereinzelkosten:	25,00 EUR		
8	Verwaltungsgemeinkostensatz:	5,50%		
9	Vertriebsgemeinkostensatz:	4,00%		
10				
11	Ausgabedaten			
12	Fertigungsmaterial			
13	+ Materialgemeinkosten			
14	Materialkosten			
15	Fertigungslöhne			
16	+ Fertigungsgemeinkosten			
17	+ Sondereinzelkosten			
18	Fertigungskosten			
19	Herstellkosten			
20	+ Verwaltungsgemeinkosten			
21	+ Vertriebsgemeinkosten			
22	Selbstkosten			
23				

Aufgabe 9.2 – „Handelswarenkalkulation"

Im Unternehmen **Wendelstein-Spielgeräte** wird die Angebotskalkulation für Handelswaren mithilfe eines Tabellenkalkulationsprogramms berechnet. Ihr Kollege hat bereits das Rechenblatt entsprechend gestaltet und in den Eingabebereich die entsprechenden Daten eingegeben.

Nachdem Ihr Kollege plötzlich erkrankt ist, werden Sie mit der Fertigstellung des Rechenblattes **(Arbeitsblatt 9.2)** beauftragt.

9.2.1 Programmieren Sie den Ausgabebereich (Zellen B10:B18) der Angebotskalkulation für Handelswaren (Sprossenwand).

9.2.2 Arbeiten Sie mit einem Tabellenkalkulationsprogramm am PC, indem Sie die Daten aus Ihrem Arbeitsblatt in die entsprechenden Zellen eingeben. Drucken Sie, falls möglich, diese Datei aus.

Lösung Station 9 – Handelswarenkalkulation

	A	B	C	D
1	**ANGEBOTSKALKULATION FÜR HANDELSWAREN**			
2	**Eingabedaten – Sprossenwand**			**Wendelstein-Spielgeräte**
3	Bezugspreis (Einstandspreis):	220,00 EUR		
4	GKHW	25%		
5	Gewinn	12,5%		
6	Skonto	2%		
7	Rabatt	10%		
8				
9	**Ausgabedaten**			
10	Bezugspreis/Einstandspreis			
11	+ Gemeinkosten f. HW			
12	Selbstkostenpreis			
13	+ Gewinn			
14	Barverkaufspreis			
15	+ Skonto			
16	Zielverkaufspreis			
17	+ Rabatt			
18	Listenverkaufspreis, netto			
19				

Formeln und Schemata

1. Prozentrechnung

Prozentwert (PW) in €: $\frac{\text{Grundwert} \cdot \text{Prozentsatz}}{100}$

Grundwert (GW) in €: $\frac{\text{Prozentwert} \cdot 100}{\text{Prozentsatz}}$

Prozentsatz (p) in %: $\frac{\text{Prozentwert} \cdot 100}{\text{Grundwert}}$

2. Zinsrechnung

Zinsen (Z) in €: $\frac{\text{Kapital} \cdot \text{Zinssatz} \cdot \text{Tage}}{100 \cdot 365}$

Kapital (K) in €: $\frac{\text{Zinsen} \cdot 100 \cdot 365}{\text{Zinssatz} \cdot \text{Tage}}$

Zinssatz (p) in %: $\frac{\text{Zinsen} \cdot 100 \cdot 365}{\text{Kapital} \cdot \text{Tage}}$

Zeit (t) in Tage: $\frac{\text{Zinsen} \cdot 100 \cdot 365}{\text{Kapital} \cdot \text{Zinssatz}}$

Effektiver Zinssatz p (eff.) in %: $\frac{\text{Kreditkosten} \cdot 100 \cdot 365}{\text{Auszahlungsbetrag} \cdot \text{Tage}}$

Relativer Zinssatz p (rel.) in %: $\frac{\text{Zinssatz} \cdot \text{Tage}}{365}$

3. Wertpapierrechnung

3.1 Kaufabrechnung

Kurswert (Stückzahl · Kurs)	100%
+ Spesen	1%
= Banklastschrift (Anschaffungskosten)	101%

3.2 Verkaufsabrechnung

Kurswert (Stückzahl · Kurs)	100%
– Spesen	1%
= Bankgutschrift (Verkaufserlös)	99%

3.3 Effektive Verzinsung (Rendite)

Effektive Verzinsung p (eff.) in %: $\frac{\text{Gesamtertrag} \cdot 100 \cdot 365}{\text{Kapitaleinsatz} \cdot \text{Tage}}$

4. Abschreibung auf Anlagen

4.1 Abschreibungsbetrag/Jahr

$$\text{Abschreibungsbetrag in €: } \frac{\text{Anschaffungskosten}}{\text{Nutzungsdauer}}$$

4.2 Zeitanteilige Abschreibung

$$\text{Zeitanteiliger Abschreibungsbetrag in €: } \frac{\text{Jährlicher Abschreibungsbetrag} \cdot \text{Nutzungsmonate}}{12}$$

4.3 Abschreibungssatz

$$\text{Abschreibungssatz in \%: } \frac{100}{\text{Nutzungsdauer}}$$

5. Abschreibung auf Forderungen

5.1 Einzelwertberichtigung (Zweifelhafte Forderungen)

Kunde	Zweifelhafte Forderung brutto	Umsatz-steuer	Zweifelhafte Forderung netto	Geschätzter Ausfall (%)	Geschätzter Ausfall (€)
		Summe der Ausfallschätzung			
		Vorhandene Einzelwertberichtigung			
		Auffüllung bzw. Herabsetzung			

5.2 Pauschalwertberichtigung (Einwandfreie Forderungen)

Forderungen brutto	119%
darin Umsatzsteuer	19%
= Forderungen netto	100%
Pauschalwertberichtigung	
vorhandene Pauschalwertberichtigung	
Auffüllung bzw. Herabsetzung	

6. Unternehmensanalyse

6.1 Finanzierung

$$\text{Finanzierung in €: } \frac{\text{Eigenkapital (Schlussbestand)} \cdot 100}{\text{Gesamtkapital (Schlussbestand)}}$$

6.2 Einzugsliquidität

$$\text{Einzugsliquidität in \%: } \frac{(\text{flüssige Mittel} + \text{Forderungen}) \cdot 100}{\text{kurzfristiges Fremdkapital}}$$

6.3 Eigenkapitalrentabilität

$$\text{Eigenkapitalrentabilität in \%: } \frac{\text{Reingewinn (Jahresüberschuss)} \cdot 100}{\text{Eigenkapital (Anfangsbestand)}}$$

6.4 Eigenkapital (Anfangsbestand)

Eigenkapital (Schlussbestand)
– Reingewinn / + Reinverlust
– Privateinlagen / + Privatentnahmen
= Eigenkapital (Anfangsbestand)

6.5 Umsatzrentabilität

$$\text{Umsatzrentabilität in \%:}\quad \frac{\text{Reingewinn (Jahresüberschuss)} \cdot 100}{\text{Umsatzerlöse (FE/HW)}}$$

7. Kosten- und Leistungsrechnung bei Einzelfertigung

7.1 Materialkosten

Fertigungsmaterial (Rohstoffverbrauch)	100%
+ Materialgemeinkosten	
= Materialkosten	

7.1.1 Materialgemeinkostenzuschlagssatz

$$\text{Materialgemeinkostenzuschlagssatz (MGK) in \%:}\quad \frac{\text{Materialgemeinkosten} \cdot 100}{\text{Fertigungsmaterial}}$$

7.2 Fertigungskosten

Fertigungslöhne	100%
+ Fertigungsgemeinkosten	
+ Sondereinzelkosten/Fertigung	
= Fertigungskosten	

7.2.1 Fertigungsgemeinkostenzuschlagssatz

$$\text{Fertigungsgemeinkostenzuschlagssatz (FGK) in \%:}\quad \frac{\text{Fertigungsgemeinkosten} \cdot 100}{\text{Fertigungslöhne}}$$

7.3 Herstellkosten des Umsatzes

Materialkosten
+ Fertigungskosten
= Herstellkosten der Erzeugung
+ Bestandsminderung (FE/UFE)
– Bestandsmehrung (FE/UFE)
= Herstellkosten des Umsatzes

7.3.1 Verwaltungsgemeinkostenzuschlagssatz

$$\text{Verwaltungsgemeinkostenzuschlagssatz (VwGK) in \%:} \quad \frac{\text{Verwaltungsgemeinkosten} \cdot 100}{\text{Herstellkosten des Umsatzes}}$$

7.3.2 Vertriebsgemeinkostenzuschlagssatz

$$\text{Vertriebsgemeinkostenzuschlagssatz (VtGK) in \%:} \quad \frac{\text{Vertriebsgemeinkosten} \cdot 100}{\text{Herstellkosten des Umsatzes}}$$

7.4 Gesamtkalkulation (Kostenträgerzeitrechnung)	7.5 Stückkalkulation (Kostenträgerstückrechnung)
Fertigungsmaterial (FM)	Fertigungsmaterial (FM)
+ Materialgemeinkosten (MGK)	+ Materialgemeinkosten (MGK)
+ Fertigungslöhne (FL)	+ Fertigungslöhne (FL)
+ Fertigungsgemeinkosten (FGK)	+ Fertigungsgemeinkosten (FGK)
+ Sondereinzelkosten der Fertigung	+ Sondereinzelkosten der Fertigung
= Herstellkosten der Erzeugung (HKdE)	= Herstellkosten (HK)
+ Bestandsminderung (FE/UFE)	+ Verwaltungsgemeinkosten (VwGK)
– Bestandsmehrung (FE/UFE)	+ Vertriebsgemeinkosten (VtGK)
= Herstellkosten des Umsatzes (HKdU)	= Selbstkosten
+ Verwaltungsgemeinkosten (VwGK)	
+ Vertriebsgemeinkosten (VtGK)	
= Selbstkosten des Umsatzes (SKdU)	

7.6 Angebotskalkulation (Verkaufskalkulation)

Selbstkosten	
+ Gewinn	↑
= Barverkaufspreis	
+ Kundenskonto	↓
= Zielverkaufspreis	
+ Kundenrabatt	↓
= Listenverkaufspreis (netto)	
+ Umsatzsteuer	↑
Bruttoverkaufspreis	

8 Deckungsbeitragsrechnung

8.1 Schema zur Ermittlung des Betriebsergebnisses

Nettoverkaufserlös je Stück	€
– variable Kosten je Stück	€
Deckungsbeitrag (DB) je Stück	€
Deckungsbeitrag (DB) gesamt	€
– fixe Kosten	€
Betriebsergebnis (Gewinn oder Verlust)	€

oder

Nettoverkaufserlöse/gesamt	€
– variable Kosten/gesamt	€
Deckungsbeitrag (DB) gesamt	€
– fixe Kosten	€
Betriebsergebnis (Gewinn oder Verlust)	€

Schema zur Ermittlung des Betriebsergebnisses in einem Zweiproduktunternehmen

	Produkt A	Produkt B	insgesamt
Nettoverkaufserlös je Stück	€	€	
– variable Kosten je Stück	€	€	
= Deckungsbeitrag (DB) je Stück	€	€	
Deckungsbeitrag (DB) gesamt	€	€	€
– fixe Kosten			€
= Betriebsergebnis (Gewinn/Verlust)			€

oder

	Produkt A (... Stück)	Produkt B (... Stück)	insgesamt
Nettoverkaufserlöse/gesamt	€	€	
– variable Kosten/gesamt	€	€	
= Deckungsbeitrag (DB)	€	€	€
– fixe Kosten			€
= Betriebsergebnis (Gewinn/Verlust)			€

8.2 Gewinnschwelle

$$\text{Gewinnschwelle (Stück)}: \frac{\text{Fixkosten}}{\text{Deckungsbeitrag je Stück}}$$

8.3 Kapazitätsauslastung

$$\text{Kapazitätsauslastung in \%}: \frac{\text{Produzierte Stückzahl} \cdot 100}{\text{Gesamtkapazität}}$$

8.4 Stückzahl

$$\text{Stückzahl}: \frac{\text{Deckungsbeitrag (gesamt)}}{\text{Deckungsbeitrag (je Stück)}}$$